名师名校名校长

凝聚名师共识
回应名师关怀
打造名师品牌
培育名师群体

　　　　张民选题

做一位会暖心的班主任

徐峥娜名班主任工作室 / 著

北京燕山出版社
BEIJING YANSHAN PRESS

图书在版编目（CIP）数据

做一位会暖心的班主任 / 徐峥娜名班主任工作室著
. — 北京：北京燕山出版社，2022.9
ISBN 978-7-5402-6626-4

Ⅰ.①做… Ⅱ.①徐… Ⅲ.①中小学—班主任工作
Ⅳ.①G635.16

中国版本图书馆CIP数据核字（2022）第149000号

ZUO YIWEI HUI NUANXIN DE BANZHUREN

做一位会暖心的班主任

著　　者	徐峥娜名班主任工作室	
责任编辑	满　懿	
出版发行	北京燕山出版社	
地　　址	北京市丰台区东铁匠营苇子坑138号C座	
电　　话	010-65240430	
邮　　编	100079	
印　　刷	北京政采印刷服务有限公司	
经　　销	新华书店	
开　　本	170mm×240mm　16 开	
字　　数	288千字	
印　　张	16	
版　　次	2022年9月第1版	
印　　次	2022年9月第1次印刷	
定　　价	68.00元	

序 言
PREFACE

让暖流浸润每一个学生心田

正是春暖三月，草长莺飞季节，深圳市龙岗区徐峥娜名班主任工作室的研究成果——《做一位会暖心的班主任》结集出版了。喜闻此讯，激动高兴之余，不禁欣然提笔，既是向徐峥娜名班主任工作室全体成员表示祝贺，也是希望这本书成为南湾学校德育工作一个很好的抓手，像暖流一样流淌在南湾这个和乐家园，浸润每一个学生的心田。

徐峥娜老师是南湾学校的普通一员，但她却是一名不平凡的老师。她是一个内心阳光、积极向上的人，一个善于学习、待人以诚的人，一个富有智慧和责任感的人，是学生心中的知心姐姐，是同事眼中的好伙伴，更是工作室成长的领路人。这几年来，在她的带领下，工作室全体同仁紧紧依托学校"和乐"文化，以"暖心德育、和乐赋能"为工作室主张，深入研究班级管理文化。工作室非常重视案例研究，努力做到以生为本，不断挖掘学科教学中的德育元素，精心设计班会课，适时对学生进行爱国主义教育、生命教育、理想前途教育；同时深入课堂，坚持关注学生心理健康，努力为学生的快乐成长搭建更多平台。可以说，这些年来，深圳市龙岗区徐峥娜名班主任工作室既积极推进南湾学校德育工作，成为南湾学校一张亮丽名片；同时积极将德育研究成果向区内外分享、辐射，得到了众多同仁的认可，产生了极大的影响。

如今，他们的研究成果结集出版，书中收录的每一个班会课设计，如同一朵朵绚丽的鲜花，盛开在德育课堂；每一个教育案例，如同一缕缕温暖的阳光，照耀在和乐家园；每一个渗透在学科中的德育故事，如同一股股暖热的清流，流淌在南湾学子心间。

作为南湾学校校长，我为有这样的老师感到骄傲，为有这样的德育成果感到自豪。我希望徐峥娜名班主任工作室全体同仁在徐峥娜老师的带领下，以更加务实、更加开拓、更加创新之精神，坚持工作室主张，把工作室的工作做得更好，出更多的成果，结更丰硕的果实。

希望工作室在"和乐"文化引领下，更加注重德育研究方法的探索，与学科相结合，与课堂相融合，与学生的成长需要相契合，不断提升研究的实效性，助力南湾学校高质量地发展。

希望他们充分利用名班主任工作室这一平台，立足南湾学校，辐射区内外，主动开展丰富多彩的德育教研活动，积极参与德育帮扶活动，为龙岗教育添砖加瓦，贡献更大的力量。

也希望全体教师多向徐峥娜老师学习，立足自己的本职工作，用一份情怀和爱心，用一份责任和担当，去实现自己的教育梦想。

愿《做一位会暖心的班主任》这股暖流，温暖更多的学生，让他们变得更加快乐、更加幸福，变成可以温暖他人的人。

是为序。

王书斌

2022年3月11日

前 言
FOREWORD

如何当好一位班主任?

从不同的角度来说,可以有不同的解答。

从班级文化出发,建立良好的班风,打造优质的读书氛围,是一种不错的选择;

从科班角度出发,和科任老师保持良好沟通,全方面地了解和引导学生,也不错;

从家校共育出发,和家长之间共商量、齐用力,为孩子的成长保驾护航,也很必要;

从师生相处出发,建立和谐温馨、亦师亦友的师生关系,也常常起到事半功倍的奇效。

虽然班主任工作的内容很多,需要从不同的层面细致经营,但是归根结底,一位好的班主任,一定是一个真正走进学生内心的班主任,是一位能够让学生感受到温暖的班主任。

这也是这一次我们将书名确定为《做一位会暖心的班主任》的原因。

作为班主任,我们一定要储备足够的心理学知识,掌握必要的心理学技能。面对出现的学生案例,班主任要能够从心理学的角度进行剖析,寻找出现问题的根源,运用科学有效的方法进行干预,引导和帮助学生走出目前的困境。

本书中的案例均来自一线班主任的实操,是理论和实践相结合之后获得的阶段性成功的成果分享。教育虽然不是万能的,但是相信这些案例的分享能够给同行们带来一些工作思路和参考。让我们不断优化心理学知识在德育工作中的运用,从走近学生到走进学生,关注学生的心理健康,通过我们的不断努力,让他们获得真正的健康与快乐的成长。

《中小学德育工作指南》指出：立德树人是教育的根本任务。课程作为集中体现国家意志、教育目标和教育内容的主要载体，是学校教育教学活动的基本依据。学校要重视课程的育人功能，充分发挥课堂教学的主渠道作用，指导各学科教师将中小学德育内容细化，并落实到各学科课程的教学目标之中，融入教育教学全过程，渗透到学生心里。

每一位班主任都不仅仅是班主任，还担任对应课程的教学工作。"随风潜入夜，润物细无声"，学科教学同样可以成为德育教育的载体。

语文课本里那些富有人文气息的文字原本就是最好的德育资源：《背影》教会我们感恩父母，《黄河颂》告诉我们要热爱国家。

进入初中数学乘方概念的学习后，当你计算完1.01的365次方，就会明白：即使只是每天进步一点点，在一年365次的叠加后也会拥有令人叹为观止的成就。

更不要说作为德育课程顶梁柱的科目——道德与法治。

每一门学科，都是学生认识这个世界的一扇窗口，都包含着丰富的德育资源。

作为班主任的我们，要学会充分发挥各个学科的独特育人优势，使学生养成良好的品德和行为习惯，促进学生知、情、意、行等品德要素的协调发展。

班会课是班主任进行德育工作的主阵地，面对班级管理中出现的各类问题以及学生成长不同时期所需认知的主题，一堂理论和实践相结合、老师和学生相互交流、活动选择有意义的班会课常常会起到事半功倍的效果。根据中小学学生核心素养中的要求，我们选取一些主题进行了对应的班会课设计，希望对老师们有所帮助。

暖心德育，和乐赋能。

育人先育心，暖心德育是真正地将学生的成长放在心上，关注学生的成长和状态，让他们感受到来自班主任的温暖，同时有意识地将德育和学科教学相融合，让他们感受到知识的魅力，获得自己成长需要的养分。和乐赋能，则希望通过我们的努力，让学生们能够更快找到属于自己的人生跑道，跑得更快，跳得更高。

让每个学生成为更好的自己，是我们最真诚的希望，也是我们肩负的使命。

让我们为此携手同行！

徐峥娜

2022年3月

目 录
CONTENTS

上 篇　德育渗透

下 篇　教学设计

目录

上篇 —德育渗透—

抓好班级德育工作，培养祖国未来的接班人

深圳实验承翰学校　许正千

习近平总书记在十九大报告中指出，要培育和践行社会主义核心价值观。要以培养担当民族复兴大任的时代新人为着眼点，强化教育引导、实践养成、制度保障，发挥社会主义核心价值观对国民教育、精神文明创建、精神文化产品创作生产传播的引领作用，把社会主义核心价值观融入社会发展各方面，转化为人们的情感认同和行为习惯。我们国家已将德育工作放在整个教育工作的重要位置，而班主任是班级德育工作的组织者、策划者和实施者，面对一个个生动活泼、思想丰富而又素质差异较大的学生，要怎样做才能使他们得到正确的教育呢？我觉得要抓好班级德育工作，培养祖国的花朵，班主任应该做到以下几点。

一、班主任的思想要转变，要以德育工作为先

班主任是学校德育工作的直接参与者与承担者，也是学生人生道路上的守护者，学生精神家园的引导者。德育工作是学校的重要工作，也是班主任责无旁贷的职责，所以班主任要以德育工作为先，扎扎实实地完成各项德育工作，不能得过且过。班主任还要转变德育理念，与学生建立平等的师生观念。在德育工作中，学生与教师的地位应该是平等的，班主任在德育工作中，应该认真聆听每个学生的想法和意见，尊重学生的人格，给予每个学生表达自身情感的权利并且鼓励他们多表达自己的想法。对待学习兴趣不高的学生，教师可以主动接近并帮助他们，通过鼓励、奖励的方式和耐心地辅

导，帮助其重新建立学习的兴趣，让学生变得更加自信。

二、创新德育工作的方法

正确的教育方式，能够使班主任在德育工作中取得事半功倍的效果，因此班主任在进行德育工作时，应该重视工作方法的创新，将教育的目光从学校的"小课堂"扩展到社会的"大课堂"。班主任可先在班会课上讲解德育课题的内容，再通过组织学生们参加各种爱心互助、社会实践等活动，在实践活动过程中，感受学生的不同心情，体会学生的内心想法和情感，并认真地与学生进行心与心的交流，从而有效地培养学生健康的价值、情操、道德观念以及心理素质，提高学生的综合素质，让学生热爱生活、热爱自己的祖国。

三、以学生为主体

德育工作的经验告诉我们，尊重学生的主体地位是德育工作取得实效的关键。德育工作以学生为主体，要求我们必须深入了解学生。每个学生都是思想丰富多彩、具有主体意识的人，这就要求我们了解学生的特点，理解学生、关心学生、尊重学生，帮助学生成长。

当了小学班主任后，我才明白即使是小学生，他们的头脑也是复杂的、有趣的、"神秘"的，对一些知识的理解仅仅是朦胧的、表面的，是似懂非懂。面对这些小学生，如果班主任不深入了解和研究，制定有效的教育方案，学生是不愿意接受教育的，那么德育工作就无法对症下药。所以，德育工作必须以学生为主体，班主任德育工作的方法要符合现代学生的特点，因人施教，使每个学生得到更具有针对性和实效性的教育，让学生的思想变得更加完整。

四、发挥榜样示范作用

俗话说"上梁不正下梁歪"，榜样的力量是巨大的和无限的，先进的德育榜样能给学生的成长以巨大的力量。运用榜样的示范作用来规范学生的道德言行，有助于学生良好道德的形成。先进的德育典型能为学生提供良好的道德标准和追求目标，使学生看到遵守良好道德的价值。雷锋精神就曾激励无数少年儿童健康成长。少年儿童处在道德的接受与模仿阶段，接受与模仿能力特别强，而班主任与学生接触的时间较多，大部分学生都以班主任为模仿对象。所以，第一，班主任要做好榜样去教育学生，让学生仿效、学习要比一般的讲道理更具直观性、鲜明性，也更具说服力、感染力、号召力。第二，学校要善于发现、培养和爱护先进德育典型，使先进典型可亲、可敬、可信、可学。学校还要注意树立不同层次的德育典型，采取大力宣传，使校园形成崇尚先进、学习先进、争当先进的浓厚风气，让广大学生学有榜样、学有目标，努力成长为如模范榜样一样优秀的人。

五、以理解、尊重为基础，以爱心为出发点

教师先对学生加以理解和尊重，再以爱心为出发点对学生进行教育，是具有不同寻常的意义的。教师爱学生，学生才会爱教师，这样教育学生才能更加有效。在爱的基础上要管教，管要讲原则，要严而有爱。作为一个班主任、一个教师，即使学生犯了错误，对学生进行批评教育时，也应尊重学生的人格，谆谆教导才能取得好的教育效应，使学生感受到班主任的批评教育是"恨铁不成钢"，是真心希望每个学生都能健康成长，真心希望每个学生都能成材。教师有爱心，学生才会更加爱教师。师生感情不断加深，才能充分发挥情感教育作用，使德育工作进行得更加顺利、有成效，让学生变得更加文明礼貌，与同学、老师更加友好地相处。

六、改革评价制度，建立正确的德育价值导向

学校要改变过去只以文化成绩论英雄的评价方法，要更全面、客观、综合地评价学生。学校可以根据学生不同的年龄和特点提出不同的道德要求，多运用激励评价的方法，班主任要多赞许、多鼓励、多表扬、多引导，善于发现学生身上的闪光点，及时表扬学生的点滴进步，引发学生内心的道德需求，升华学生的道德情感，使学生逐渐形成崇高的德育信念和高尚的德育目标。学校通过这些评价，建立先进的表彰制度，让学生更加热爱学习。

七、将德育内容生活化

道德与生活息息相关，新德育课程担负着促进儿童品德发展的重要任务。人们是为了生活而培养个体的品德，改善、提升社会道德的。我认为我们的品德教育就是生活德育。道德始终存在于人的整体生活之中，不存在脱离生活的道德。因此，德育内容要有实践性，在教育的过程中要学会拓展德育内容，尽量使德育内容贴近现实、贴近生活，使德育理论与现实生活实际紧密结合，通过民主参与、学生讨论、学生调查等形式，寻找学生愿意接受、喜欢参与的方式，缩短德育内容与学生现实生活之间的距离，使学生愿意接受这种教育形式与内容，并教育学生做到知行统一，让学生不断提高自身素质。

八、学校教育与家庭教育相结合

父母是孩子的第一任老师，也是子女无法选择的任期最长的老师，所以家庭教育是社会教育与学校教育的基础。例如，有的学生很少受到父母的关心，致使其性格相对内向，很少交朋友，但是他们的内心是极其渴望得到同学与老师的认可的，这时候教师就应该从学生的家庭入手，与学生家长多沟通，向学生家长传输"孩子的成长需要欣赏，没有欣赏难以教育"的思想，再结合学生的行为、思想与情感等方面，制定教育方式，从细节入手，从易到难。教师要鼓励家长及时肯定学生的学习成果，不断地激发其学习兴趣，并动员同学对其进行帮助，重新促使其建立学习的信心。教师和家长共同努力，关心学生的家庭与学习，让学生充分感受到家庭和学校的温暖，帮助学生树立信心，激发其学习的兴趣，使其变得更加优秀。

九、强化隐性教育

隐性教育能够对学生品德的形成与发展起到规范、激励、导向、陶冶的作用，因此强化隐性教育是提高班主任德育工作实效性的重要途径。班主任在进行隐性教育的时候，首先应该制定严格的纪律，将班级管理制度化，不体罚学生，但是可以对旷课、迟到、不完成作业等错误行为进行耐心的批评教育，通过循序渐进的引导，对学生言传身教，再令其进行"力所能及"的清洁打扫；然后精心挑选班干部，因为班干部是班主任开展工作的好帮手，也是学生学习的榜样，通过鼓励他们在班级开展活动，使班级学生尽快团结起来；最后加强学生交流，定期在班上进行书面调查，从早读、上课、课间活动等各个方面了解学生的学习情况，以及班级纪律、清洁卫生、同学关系等情况，进行跟踪管理与引导，让学生变得更加热爱劳动、热爱班集体。

学生是德育的主体，班主任要想方设法地调动学生在学习中的主动性与积极性，引起学生的自我反思，强化学生的自我认识，加强学生的自我约束。师生之间建立民主平等的关系，教师要常常以平和之心、开朗的性格、健康的思想，用爱心、耐心、信心潜移默化地影响学生，激发他们的进取心。给学生营造争当先进的氛围，让学生在愉快的氛围中乐于学习、主动探究、畅所欲言，并相互尊重、相互帮助。学生在学校如沐春风，必定能成长为祖国美丽的花朵，成长为德行一致、全面发展的人。

学生规则意识不强，怎么办？

华南师范附属平湖学校　敖　峰

我现在带的是一个都是插班学生的班级。大家来自不同的学校，而三年级又是小学时期一个重要的习惯养成阶段，尤其是规则意识的培养。好的规则意识是孩子社会化的催化剂。现在班里学生的规则意识不是很强，比如课前准备的时候，教室里很吵闹；课堂的秩序不是很好，有交头接耳的现象；下课在走廊中随便跑闹、大声喊叫。面对这些现象，我开始了培养学生规则意识以及形成规则行为的德育路线。

一、了解规则，树立规则意识

（1）要让学生们先明白什么是规则，有了遵守规则的想法之后，他们才会主动自愿地接受规则。我会用班会课给学生们播放上公交车的视频，展示遵守规则和不遵守规则的内容，进行对比教育，让他们去体会什么样的环境是自己喜欢的，并思考原因。他们自己得出的结论才会印象更深刻。

（2）选取一些和规则有关的故事，读给学生们听，让他们谈感想。

二、联系生活，明确规则

（1）让学生们谈谈在生活中看到的不遵守规则的事情，并说说应该怎样做才是守规则的。

（2）借助班级小话剧"排队""课前准备"等活动，让学生们审视自己在生活中没有遵守规则的部分，让规则意识渗入到日常生活中去，让他们感

上篇　德育渗透

受到有序的生活是我们需要的。

三、制度导航，养成习惯

1. 明确制度

我们要遵守哪些制度呢？让学生们每日早读的时候必须诵读一遍《中小学生守则》，且每周抄一遍，甚至要能背诵下来，使其将守则铭记于心，这就是我们的目的地指引。在熟悉《中小学生守则》的前提下，和学生们一起讨论：我们的班级中有哪些行为习惯要养成？关于课前准备，大家一起讨论怎样才能让课前准备更有效，最后按照学生们的意见诵读歌谣："铃声响、进教室……"此外，大家也讨论出了很多课间可以做的事情，比如下棋等。

2. 小组加分制

黑板上放置磁铁勋章，早上来到教室没有大声吵闹，懂得轻声轻语的就可以为小组加勋章；课前第一遍铃声响起，就知道书本放左上角并坐端正的可以为小组加勋章；排队能够做到快静齐的，可以为小组加分——得分最高的小组，是当天的获胜小组，可以获得一枚勋章，同时给获胜小组加一分。每周一都会点评上周小组加分情况，为获胜小组成员颁发奖状。同时还要表扬个人，颁发"好习惯标兵"奖状，树立榜样个人，并让标兵为自己制作宣传海报，粘贴在班级墙面上。

3. 同伴互评制

给每个学生发一张写有其他同学名字的纸，根据班级制度指引，匿名点评纸上所写同学的习惯，放到小信箱，再发到所写学生本人手上。让他们了解自己要改正的地方。

4. 制度合作，家校联手

家长是我们不可缺少的帮手，要在群里告诉家长，我们是在培养孩子们哪方面的习惯，让家长了解并协助我们。同时利用家长群，表扬习惯优秀的孩子；对于习惯不好的孩子，也要私聊家长并进行面谈，倾听家长的意见，获得其支持，联手培养孩子。

四、岗位设定，维护规则

班级管理分为很多岗位，如班长、副班长、学习委员、劳动委员、课前管理员、体育委员、早读带读员等，要让其能配合老师维护好班级规则与制度。

五、活动践行，检验规则

要想看看规则意识培养得怎么样，最好的办法就是用活动来检验，所以，活动也是德育的主阵地。

我组织了"我爱记歌词""语文之星评选""飞花令""中秋节古诗词鉴赏"等活动，分小组进行，设立小组监督员，活动结束之后，选出"守规则宝贝"并颁发奖品。

学生们的规则养成需要老师们的不断提醒，这是一个循序渐进的过程。在不断强化学生规则意识的过程中，看着课堂纪律逐渐好转，我们还是很开心的。

班主任应对小学生之间冲突的策略

深圳市龙岗区兰著学校　黄苏钰

在小学班主任的日常工作中，处理学生之间的冲突占据了很大一部分时间和精力。学生频繁地向班主任打小报告，投诉哪个同学打了自己、骂了自己，班主任只能一次次耐心地调解，一次次让学生握手言和。然而，学生之间依然矛盾不断，甚至积怨越来越深。

小学生之间的冲突行为，是他们学习与人交往技能的重要途径和宝贵机会。他们不断面对冲突并试探用不同的方式去解决冲突，在这样的实践中，学习、获取与人相处的恰当方法，并逐步提高社会适应能力。班主任只有采用积极的应对策略，才能引导学生更好地解决冲突问题。

一、小学生之间产生冲突的主要形式

1. 肢体冲突

小学生在校期间非常容易发生肢体冲突，小到推推搡搡，大到打架，都很常见。由于认知发展不够全面，人际交往经验不足，小学生经常会将偶然的、无意的肢体碰撞当作对方的故意行为。例如，在排队的过程中，前面的同学在后退时没有提前告知后面的同学，不小心踩到了后面的同学；后面的同学没有询问对方为什么后退，而是直接还手。前面的同学突然被打了一下，感到十分愤怒，于是也直接还手，双方便产生了肢体冲突。

2. 恶意谩骂

起外号、骂人，也是小学生之间十分常见的冲突形式。学生之所以恶意谩骂他人，可能是为了整蛊对方并从中获得恶作剧的乐趣，也可能是想通过言语来报复对方之前对自己的伤害。班主任需要根据学生行为背后的不同动机，采取不同的教育方式。

二、小学生之间易产生冲突的原因

1. 学生的自身特点

学生的性格特点决定了他是否容易和同伴发生冲突。越是冲动、缺乏同理心、过度以自我为中心的学生越容易和同伴发生冲突。反之，沉着冷静、懂得换位思考的学生不易与同伴发生冲突。

此外，学生的智力水平也与他们是否容易与同伴发生冲突有关。在加德纳的定义中，智力指"个体在一种文化环境中，处理信息的生理和心理潜能，而这种潜能可以被激活以创造产品和解决实际问题"。他提出了八种独立的智力：语言智能、数学智能、空间智能、肢体动作智能、人际关系智能、内省智能、自然观察智能和音乐智能。语言智能和人际关系智能较发达的学生更少与同伴发生冲突，即便发生了冲突，他们也更能独立解决冲突。

2. 家庭的不良教养方式

父母是孩子的第一任老师，父母解决问题的方式以及对孩子的教养方式，都将直接影响学生的行为模式。

父母平时解决问题的方式是对孩子最好的言传身教。如果父母沟通过程中经常使用暴力，孩子也会倾向于使用暴力，更易与同伴发生冲突。反之，如果父母能够在分歧产生之后冷静协商，共同商量对策，那么孩子也能用更温和的方式与同伴相处，不易与同伴发生冲突。

此外，过度保护、过分干涉、过于溺爱孩子的父母会阻碍孩子人际交往能力的提升。这部分孩子比较缺乏同理心，更容易与同伴发生冲突。父母常用惩罚、严厉、拒绝、否认等教养方式也会使孩子不善于表达自己的内心想法，难以与同伴友好沟通，从而与同伴发生冲突。反之，如果父母能采用更加民主的形式教养孩子，更愿意倾听孩子内心的想法并与之协商，孩子也会更愿意与同伴交流与合作，进而减少冲突。

上篇 德育渗透

三、班主任应对小学生之间冲突的策略

1. 树立正确的引导观念

很多班主任由于日常工作繁忙，一遇到学生打小报告便非常不耐烦，想用敷衍、压制等负面的方式快速解决问题。班主任在面对学生之间的冲突时，应保持平和的心态。在引导学生解决同伴冲突的过程中，耐心地倾听学生的内心想法，了解事情的前因后果非常重要。此外，要想真正减少学生打小报告的行为，减轻自身的工作量，班主任需要引导学生采用积极正面的方式解决冲突，不断提升学生解决同伴冲突的能力。

2. 引导学生认识同伴冲突并传授策略

班主任首先应该引导学生降低同伴之间的敌意，让学生明白，同伴之间发生冲突是很正常的，是可以通过协商来解决的。此外，班主任平时应该多肯定和鼓励学生，营造让学生有安全感的良好班级氛围。

班主任还可以利用班会课，采用案例分析、角色扮演、讲故事等形式，让学生了解什么是同伴冲突，同伴冲突产生的原因等，引导学生进行换位思考。例如，班主任可以设计一节教育戏剧课，将学生分成两个组别，分别告诉两个组别接下来要做什么，但两组之间不能提前交流。班主任告诉其中一组学生要静静地看书，告诉另一组学生要从看书的同学旁边走过。这时，冲突出现了，走路的同学撞歪了看书同学的桌子，而看书的同学主观上认为对方是故意的，立刻打了对方的手。为了解决冲突，班主任可以引导学生互相揣摩对方的心理，或者进行角色互换，从而深入体会看书的同学被打扰时的愤怒，以及走路的同学无意为之的无辜。在学生充分认识到对方不是有意制造冲突时，就能更好地解决冲突了。

此外，班主任可以传授一些控制情绪、学会冷静的小建议，引导学生进行情绪管理，避免冲突的发生。例如，当自己被冒犯的时候，可以首先对自己进行心理暗示，告诉自己要冷静下来，并相信自己可以冷静下来；还可以通过数数的方式，从1数到60，让自己的怒气慢慢消散，在怒气退去之后再与同伴交流。

3. 培养学生的团队合作精神

学生之间是否容易发生冲突，与班集体的凝聚力、团结精神息息相关。班主任可利用课余时间，通过举办体育竞赛、团队游戏的形式增强学生之间的凝聚力，从而减少同伴冲突。例如，班主任可以组织一场班级之间的足球比赛，安排班级内部的分工，一部分同学做啦啦队，一部分同学做主力队员，一部分同学做替补队员。足球比赛的竞技性会使全班同学都朝着赢得胜利这个目标前进，从而形成集体荣誉感和凝聚力。在面对共同的竞争对手时，学生更愿意互相帮助，更愿意彼此付出，对待他人也会更宽容，而不是只考虑自己的事情。

4. 培养班级调解员

在一个班集体中，部分学生具有较强的人际交往能力，能够独立帮助同学解决矛盾冲突。班主任工作繁杂，应对学生之间的冲突会有些力不从心。因此，班主任可以在班内培养"班级调解员"，让学生在遇到同伴冲突时先找调解员，调解员无法解决时再咨询班主任。这样既培养了班干部的能力，又减轻了班主任的工作负担。

要想培养出得力的调解员，班主任需要事先培训学生的调解能力。调解同学之间的矛盾冲突大致分为这几步：首先，让双方轮流说出事情的经过，注意一方不能打断另一方的发言。接着，班干部和矛盾双方共同厘清事情的来龙去脉并确定主要责任人。一般情况下，双方都有责任，但肇事一方承担主要责任。最后，要求双方互相道歉。必要时，要对主要责任人进行处罚。调解员在调解完之后再向班主任汇报此事，如果调解员有做得不妥的地方，班主任也能及时补救。

5. 加强家校沟通与合作

个别极易与同伴发生冲突的学生，其家庭教养方式往往也有问题。要想从源头上解决问题，班主任需要加强与家长的沟通与合作。现在很多家庭中都只有一个孩子，而因父母的过分包办或者溺爱，学生往往比较任性、自私。因此，处理完学生之间的冲突后，班主任需要及时与家长沟通，提醒或帮助家长在家庭教育中重视培养孩子的人际交往能力，使其引导孩子在日常生活中学会换位思考。

参考文献

［1］余珊珊.三～五年级小学生家庭教养方式、观点采择能力对同伴冲突解决策略的影响［D］.漳州：闽南师范大学，2017.

［2］杨湘莲.4～6年级小学生同伴冲突解决策略与父母教养方式关系的研究［D］.大连：辽宁师范大学，2012.

［3］安文慧.小学生同伴冲突问题解决策略的干预研究［D］.济南：山东师范大学，2011.

［4］王春红.小学生人际冲突处理策略的相关研究及其干预［D］.苏州：苏州大学，2009.

［5］徐颖哲.小学生在与同学冲突情境下应对方式的研究［D］.大连：辽宁师范大学，2002.

［6］刘文.3～9岁儿童气质发展及其与个性相关因素关系的研究［D］.大连：辽宁师范大学，2002.

［7］张心芳.小学高年级学生同伴冲突解决策略的相关因素及教育对策研究［D］.南昌：南昌大学，2016.

［8］李伟，刘文，原雪雯，张丽娜.4～6年级小学生冲突解决策略的发展特点及相关影响因素［J］.辽宁师范大学学报（社会科学版），2009（4）：45-49.

口语交际与非暴力沟通

深圳市龙岗区兰著学校　黄苏钰

在语文教学中，有一项内容常常容易被忽视，那便是口语交际。其实口语交际课程有很强的实用性，有助于培养学生倾听、表达、交流的能力，进而提升学生的人际交往能力。然而，由于口语交际基本不考，对学生的成绩没有太大影响，有的语文老师便经常将其略过不讲。

为了尽快完成教学进度，提升学生的应试能力，我有时也会略过口语交际的教学。结果，我发现学生语言表达能力的发展越发停滞不前，同学之间经常发生口角及冲突，甚至因之大打出手。既是语文老师，同时又担任班主任的我，总是因为学生之间的矛盾而头疼不已。于是，我便又重新重视起口语交际课来，并希望将口语交际和平日了解到的非暴力沟通的有关知识联系起来，进而引导学生更好地沟通，即便产生了矛盾也能更好地解决。

非暴力沟通又称爱的语言，由美国马歇尔·卢森堡博士于1963年提出。非暴力沟通指导我们转变谈话和聆听的方式，不再条件反射式的反应，而是有意识地去使用语言。

非暴力沟通的几大要素是观察、感受、需要、请求。

这种沟通方式要求我们不带任何评判地去看待别人的言行，而只是观察客观存在的事实。例如，我们不擅自评判一个学生"不认真听讲"，而是观察到学生"有5分钟左右的时间未看向黑板"。这样的观察有助于我们更冷静客观地看待他人的言行举止，而不是擅自将他人的言行解读为负面内容。

感受是指身体的感觉和内心的状态，我们通常将其理解为心情、情绪。而需要是生命的能量，是人类共有的、促进生命健康成长的要素。我们时常会了解到马斯洛的需要层次理论，其中提到的需要便是人们为了健康成长所需具备的要素。这里的需要既是指生理上的、物质上的，更是指精神上的。为了引导人们更精准地描述自己的感受和需要，相关书籍中甚至详细地列出了相关的词汇，共有两百多个词语。

为了更好地进行沟通、解决问题，我们可以在观察的基础上询问对方的感受和需要。在询问之前，我们通常会自己先推断，再和对方进行确认。例如："你现在感到愤怒，是因为你希望得到认可，但这一需要没被满足，是吗？"相应的，我们也可以跟别人坦然地说出自己的感受和需要，例如，"我感到非常痛苦，因为我需要关爱。"

最后，为了满足自身的需要，我们可以向他人发出请求。例如，"我现在感到很悲伤，我需要关心，你能给我一个拥抱吗？"注意，请求并不是命令，他人可以欣然接受，也可以果断拒绝。请求越具体、越正面越好，这样更有利于他人接受和执行。

当人们能够觉察到自己与他人的感受和需要并提出请求时，人与人之间便总是倾向于互帮互助的。这种互帮互助并不祈求回报，而是一种感情的自然流淌。而这种发自内心的帮助，也被称为"自然的给予"，是不带任何功利性而是包含爱意的。

小学语文六年级上册第六单元的口语交际课《意见不同怎么办》所讲内容，便与非暴力沟通中所提倡的沟通方法不谋而合。因此，在教授这一课时，我也将非暴力沟通的理论和方法渗透其中。

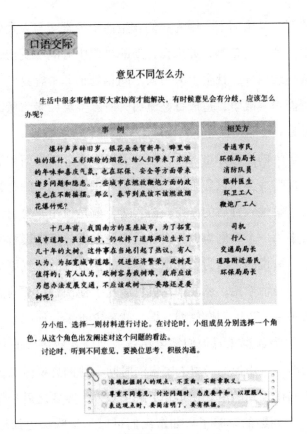

事例展示图

　　如上图所示，课本上列举了两个意见不同的例子。站在不同人的角度上，意见不同，需要也不同。本课的目标是引导学生尊重不同意见，讨论问题时，态度要平和，要以理服人。同时，本课旨在培养学生准确把握别人观点的能力，不歪曲，不断章取义。

　　学生身上普遍存在的问题是常常从自己的主观看法出发，而忽略对方真正想表达的意思，只从对方的话语中去提取对自己有利的信息。之所以会出现这样的现象，是因为学生在与他人沟通的过程中只顾着满足自己的需要，而忽略了对方的需要。可想而知，当学生忽略对方的需要时，双方的沟通必定是失败的。因此，为了促使口语交际课更顺利地完成，让学生能在双方意见不同的情况下依然进行良好的沟通，我在口语交际课中融入了非暴力沟通的相关理论。

　　在课前导入时，我问学生：为什么我们教材中特意设计了《意见不同怎么办》这一课呢？学生回答，因为我们在生活中经常会与人发生矛盾，会有人吵架、打架。我说，是啊，如果在打架的过程中有同学受伤，那就更得不偿失了。接着继续引导，社会上人与人之间相处也非常容易发生冲突，当冲突严重时还可能引发战争，造成百姓流离失所、生灵涂炭。所以，人们要在意见不同的情况下还能互相尊重，以理服人就显得尤为重要。

在引起了学生的注意和重视后，继续引导学生分析如何才能在与他人意见不同时依然保持冷静，以理服人。那就是通过观察他人的行为，体会他人的感受，最终了解他人背后的需要。简言之，就是使用非暴力沟通的方法与人沟通。以书中第一个事例为例，当普通市民在燃放烟花爆竹的时候，他的内心可能是十分愉悦的，因为燃放烟花爆竹能让节日的气氛更加浓厚，也能让人放松身心、心情愉悦，燃放烟花爆竹满足了他快乐过节的需要。然而，对于环卫工人来说，市民们燃放烟花爆竹就是灾难了，他们会十分疲倦、痛苦甚至愤怒，因为这意味着他们需要在春节期间花费更多的时间来清理街道，这也会无形中占用他们与家人团聚的时间，他们想要休息，想早日与家人团聚的需要便得不到满足。在充分了解了双方的需要之后，他们便能自然而然地找到解决问题的策略了。如市民们可以尽量购买更加环保的烟花产品，在燃放完烟花爆竹后自行清理残余的垃圾；或者市政府能够发布公告，明确春节期间燃放烟花爆竹的指定地点等。

在讲完这个例子后，让学生在组内进行练习，尝试各自扮演不同的角色，并且试着去体会不同角色的感受以及需要，最终找出解决问题的策略。如果一时之间没有想到不同角色背后的感受及需要，可以先跟组员讨论一下再做角色扮演。最后，邀请两组同学上台展示他们想到的不同角色背后的感受和需要，并让其余同学随机提问或补充。在经过一番练习和展示后，学生更加能够换位思考，明白不同角色背后的感受和需要。在口语交际课结束后，我也观察到，学生之间发生口角、打架的现象有所减少，即便是发生了口角，旁边的同学也会自觉上前劝说，引导双方互相体谅。

一堂小小的口语交际课虽不能提升学生的考试分数，但有助于培养学生的人际交往能力；适当融入相关的心理学知识，更能让学生在与人沟通时有法可循，让同学之间的关系更加和睦，也让班级内部更加团结。

巧用记忆原理帮助学生提高
初中生物的学习效率

深圳市龙岗区南湾学校　刘　琤

从小学进入初中，随着学习科目的增多，很多学生疲于应付繁重的学业。在国家大力开展"双减"政策，减轻学生学业负担的大环境下，作为初中会考学科生物学，它承担着既要让学生掌握基本生物学知识以应付会考的需要，又要提高学生的学习效率，不加重学生课后负担的责任。作为一名初中生物老师，利用好心理学知识中的记忆原理和技巧，帮助初中生提高生物学习效率，是我近段时间在教学工作中思考和努力的方向。

在平时的生物教学中，我总结的加强记忆、提高生物学习效率的方法有：设置有趣情境——集中学生注意力；教学中及时复习反馈；用好"加工水平理论"，提高概念记忆的牢固性；巧用程序性记忆——上好实验课；以及其他"记忆术"。下面对这些方法进行详细介绍。

一、设置有趣情境——集中学生注意力

心理学家发现，人们往往对于集中注意力、在感兴趣的情况下或者是在引发强烈情绪的情况下获取的信息能形成更加完整和准确的记忆。在生物教学中我们可以利用这一特点，在课堂教学的导入环节引入一些与学生生活相关的、学生感兴趣的话题，或是创设一个引发学生兴趣的有趣情境。这样便可以在记忆编码阶段，让学生能够集中注意力，加深对所学内容的印象。

上篇　德育渗透

例如，在学习《血液》这一节时，我们可以结合生病时，医生通常会要求病人验血这个生活情境设置一个场景：作为医生，你怎样读懂病人的血液化验单，了解病人的病因。通过这个真实的情境导入，抓住学生好奇的心理，引发学生强烈的学习兴趣。在接下来学习血液的成分及其功能时，学生的印象就能更加深刻，记忆也会更加牢固。

二、教学中的及时复习反馈

记忆是会消退的，心理学先驱艾宾浩斯发现了记忆消退与时间长短是有关系的，他通过实验得到了一个结论：记忆在一开始的时候会消退得很快，但随后会趋于稳定，如果在记忆开始消退时能及时巩固复习，便可以降低记忆的消退率，从而使记忆更加牢固。我们可以利用记忆的这一特点，在生物课堂中及时穿插对旧知识的复习。

例如，在当堂课最后，留出几分钟的时间，做一个有关本节新课内容的知识小测验比赛，或者是简单的课堂练习。在下一节新课的课前几分钟，让学生复述上一节新课的重要知识点，也可以通过复习导入的方法，让学生进入新课的学习。通过及时巩固，能增强学生的记忆效果。

三、用好"加工水平理论"，提高概念记忆的牢固性

费格斯·克雷克和罗伯特·洛克哈特所提出的"加工水平理论"指出，新信息在工作记忆时与长期记忆关联越多，就越具有意义，越容易被记住。在生物学教学过程中，我经常利用这个特点。如在学习新概念时，通过提问引导学生解构关键词，用反复列举、正反分析等方法，让学生加深对概念的理解，从而形成正确记忆。

例如，关于"菌落"这个概念，课本给出的定义是："由一个细菌或真菌繁殖而形成的肉眼可见的集合体。"在学习过程中，我会首先让学生找出帮助理解这个概念的关键词"一个"和"集合体"。然后，让学生看菌落的图片，提问："这个菌落是由几个细菌繁殖而来的？它们的遗传物质一样吗？"学生在回答这两个问题的过程中认识到菌落中的所有细菌都来自同一祖先，它们的遗传物质都是一样的，从而加深了对"菌落"这个概念的理

解，这样记忆就更加牢固。

四、巧用程序性记忆——上好实验课

程序性记忆指的是对如何做事情的记忆，它包括对知觉技能、认知技能，运动技能的记忆。大多数的程序记忆是在意识之外发挥作用的，一旦形成，就不容易消退，所以，它又叫作"内隐记忆"。利用这个特点，在生物学的教学过程中尤其要重视课堂实验，特别是学生实验。精心准备学生实验，让学生在动手操作的过程中通过程序性记忆加深对学习内容的掌握，是提高生物学习效率的重要方法。

五、其他"记忆术"

在生物教学过程中，有时候需要学生记住一些毫无关联性的知识，这时候就需要运用一些记忆的技巧，我们可以称之为"记忆术"。在生物教学中，我常用的有效的"记忆术"是"口诀"或者"顺口溜"。

例如，在学习《食物中的营养》时，需要学生记住各种维生素和缺乏时对应的病症，而这些病症之间是没有关联的，如缺乏维生素A时会患夜盲症，而缺乏维生素C时会患坏血病（即维生素C缺乏病），这些知识也很难跟以往的知识建立连接。所以，为了让学生更好地记住这些知识，我们可以把它们编成顺口溜，如"夜盲A，坏血C"等等。这种朗朗上口的音节记忆，也能提高学生的记忆能力，从而提高生物学科的学习效率。

综上所述，在生物教学过程中利用好记忆的方法和原理，不但能减轻学生的学习负担，让学生更加喜欢生物，也会让生物课堂变得更加高效。

参考文献

[1] 菲利普·津巴多，罗伯特·约翰逊，安·韦伯.津巴多普通心理学
[M].王佳艺，译.北京：中国人民大学出版社，2008：130，138.

如何在语文学科中进行暖心德育

深圳市龙岗区南湾学校　彭子彤

唐代大文学家韩愈说："师者，传道受业解惑也。"在传授道理、教授学业以及解决疑惑这三者中，韩愈把"传道"放在了首位。我国台湾著名教育家、忠信学校的创始人高震东曾经说过："没有德育，智育是犯罪的帮凶；没有德育，体育是暴力的前卫；没有德育，美育是腐化的催化剂；没有德育，群育就是社会动乱的根源。"可见德育是一切教育的根本。而语文是民族文化的载体，它有着强大的育人功能。现行《中学语文课程标准》也明确指出："语文教学要进行思想教育。思想教育要依据语文学科的特点，在语文训练中进行。在语文课程中，蕴藏着丰富的道德因素，它不仅传递学科知识，更关注道德与人格的养成。"

的确，语文课程以其丰富的人文内涵和饱满的思想情感对学生的精神世界产生深远的影响。一个人在中学时代学的课文、读的书，极有可能会影响其一生，甚至其审美情趣、文化胸襟、人生的价值取向等都会以此为基点发展和稳定下来。因此在语文教学中，教师应通过教学指导进行德育渗透，对学生进行德育熏陶，鼓励学生独立反思，使学生形成良好的品德修养，形成对真善美的自觉感受能力，使学生在初中阶段能够形成正确的情感态度价值观。

那么我认为可以从以下几个方面入手。

一、培养学生学习语文的兴趣，自觉进入德育的氛围之中

"问渠那得清如许，为有源头活水来。"我们常说"兴趣是最好的老

师"，在教学实践中，我们可以通过多种形式来培养学生的学习兴趣，比如精心设计导语，创造最佳的学习氛围；注重提问的艺术，激发学生的学习兴趣；积极倡导自主合作探究的学习方式；合理运用多媒体，增强趣味性。通过这些活动，给学生创设熏陶感染的环境和氛围。学生只有对语文产生兴趣，才能够主动地去探究它，并自然而然地进入文本文字中，从而主动走进思想教育的氛围中。如此才谈得上对其进行德育渗透；否则，德育就会成为无源之水、无本之木。比如在学习蒲松龄《狼》这篇课文时，我便找到了《狼图腾》的电影片段，也就是男主角在路上被一群狼围攻的场景，狼虎视眈眈的眼光和垂涎三尺的神态很容易使得学生进入到《狼》中屠户被两只狼缀行甚远的紧张气氛，从而了解狼贪婪、凶狠的本性，进一步引出对待像狼这样的恶人我们不应该妥协而应该奋力反抗的结论。又比如教学七年级下册的《安塞腰鼓》时，上课之前，我找了相关的视频，先让学生感受安塞腰鼓的气势、安塞腰鼓的力量和安塞腰鼓的宏伟。接下来，找了相关的朗诵素材，让学生感受安塞腰鼓所传递的情感。看了视频、听了朗诵之后，学生就很容易理解文章所要传递的情感了。九年级上册有一个综合性学习任务是《岁月如歌——我们的初中生活》，三年的初中生活马上要结束了，学生肯定有很多的不舍，舍不得朝夕相处的老师，舍不得吵吵闹闹的同学，舍不得三年的青春时光。上课之前我就播放了《送别》这首歌，听着听着，学生就已经哭了，整节课可以说是真情流露——真挚的道歉、紧紧地拥抱，学生的情感完全是自然地流露，很真实、很感人。

其实对于每堂课来说，教师的任务就是积极创设情境，做一个忠实的引路人和点拨者，去"珍视学生独特的感受、体验和理解"，让学生打开心扉，尽情感悟，去做主动的探究者而最终得到愉悦的心理体验。这样才能在生动具体的形象感召中陶冶其情操，培养其审美能力，养成正确的人生态度和价值观念。

二、与文本对话，体会人间真情

利用好优秀的教材文本，更能够解决困扰在学生心中的情感纠葛，特别是初中生正处在情窦初开的阶段，十三四岁的他们，对异性充满好奇，对爱情充满向往，有的学生开始萌发爱的冲动，渴望尝试爱的滋味。在这个时候，绝大多数的学校、教师和家长都采取围追堵截或禁止接触的方法，但效果往往欠佳。因此，面对"早恋"问题，作为语文教师的我们，完全有责任去引导和教育学生，让他们"感悟爱的美好，明白爱的责任，呵护爱的高尚，珍藏爱的幸福，给爱涂上最美的底色"。于是，我们便可以组织、引导学生去阅读、品味教材内外描写爱情的经典作品。如课外名著中的罗密欧与朱丽叶、刘兰芝与焦仲卿、林黛玉与贾宝玉等。通过这些作品和人物形象，让学生明白"爱情，它高于上帝，这是人类永恒的美和力量。人们世代交替，我们每个人都不免变成一堆黄土，但爱情却成为人类种族的生命力和永不衰败的细节"。这样，学生们就会对爱情产生热爱、尊重和敬畏之情，从而接受美的熏陶，丰富自己的情感，提高自己的审美情趣。

再者，以部编版七年级下册《老王》这篇文章为例，这篇文章主要是为了呼吁社会关注弱势群体，文中最关键的句子便是"我渐渐明白：那是一个幸运的人对一个不幸者的愧怍"。那我便引导学生去理解作者为什么会产生对老王的愧疚之情。我们一家对老王也很关心，老王瞎了一只眼，别的乘客都不愿意去照顾他的生意，但是我们一家却常常搭乘他的三轮，女儿还送给老王一大瓶鱼肝油，治好了他的夜盲症，无论老王给予了我们什么样的帮助，我们一家都给予了相应的回馈。那又何来的愧怍呢？因此这时就需要仔细研读文本。有的学生找出"有一天傍晚，我们夫妇散步，经过一个荒僻的小胡同，看见一个破破落落的大院，里面有几间塌败的小屋，老王正蹬着他那辆三轮进大院去。后来我在坐着老王的车和他闲聊的时候，问起那里是不是他的家，他说，住那儿多年了"的段落，并分析说，我们一家人搭乘了老王一段时间的三轮，但是他的处所却是在一次散步的不经意路过以及闲聊时得知，可见"我"对老王并不十分关心。有的学生找到了老王"临终前给我们一家送香油和鸡蛋"的片段，从"老王直僵僵地镶嵌在门框里，面如死灰，简直像棺材里倒出来的，就像我想象里的僵尸，骷髅上绷着一层枯黄的干皮，打上一棍就会散成一堆白骨"中可以看出，老王此时已经行将就木，但就是这样的状态，他仍旧来为我们一家送香油和鸡蛋，但"我"却并没有请他进来喝一口茶，或是扶他走下楼去，这使"我"感到愧疚，甚至过了十多天后，"我"碰见老王同院的老李才得知老王早就去世了，"过了十多天后我才偶然得知老王的死讯"，这也体现了"我"对老王关心不够。同时"无论老王给予我们一家什么帮助，我们总是会给他相应的报酬"也就是金钱，到最后临终时老王也直接表明：我不是要钱。那他要的是什么呢？自然是类似于亲人的关怀一般的情感，他渴望亲情，他将我们一家视为亲人，但是"我"直到老王去世后才深刻明白这一点，因此"我"感到愧疚。学生们明白了这一点之后，应该就能明白这篇文章其实就是作者在呼吁社会要多多关注弱势群体，不仅仅是物质方面，更多的还是精神方面。

于是我引入了当时发生的一则新闻，也就是视障阿姨因导盲犬排尿被邻居投诉2年的新闻。上海双目失明的刘阿姨申请到了一只导盲犬查德协助出行。根据规定，导盲犬需要在室外定点排便。虽然刘阿姨在它排便前，都会给它套上便袋，但由于查德是雄性，大便可以排在便袋里，小便却只能排在路边。这引起了小区邻居的强烈不满。刘阿姨遭到了很多投诉，最后不得不每次都牵着狗到小区外的路边去排便。刘阿姨带狗在路边摔倒的视频在社交媒体上被广泛传播后，多家媒体报道了这件事。小区邻居的态度让很多人觉得无法接受。这件事情撕开了残障人士这类弱势群体艰难生活的一角。我让学生们结合《老王》这篇文章谈谈在当今社会我们应该如何去对待弱势群体，我们能做些什么。这个时候，教育的意义就自然并自主地产生了。

有的学生认为我们应该摒弃偏见，因为偏见就像植物的种子，一旦被种在土壤里，就会发芽、生根、长大，最后甚至会长成一棵大树。就像上面的新闻里可见的，小区里一旦有几个人开始针对邻居中的这位盲人以及她的导盲犬，那么群里的其他人也会受到影响，慢慢它就会变成社群文化的一部分。文章中的老王也同样受到了偏见的迫害，比如文中说到他因为一只眼睛瞎了，因此乘客不愿意坐他的车，怕他看不清。这些偏见的伤害力其实比弱势群体本身身体残疾给予他的更大，所以我们应该放下偏见。

有的学生认为应该出台一些法律法规来保护他们，同时应该修建完善的无障碍设施，尽可能地去完善生活中设计时考虑不周的地方。如盲道、红绿灯路口、楼梯、设有盲文的电梯等。

有的学生认为也许有一天我们也会成为少数群体，一个更好更文明的社

上篇 德育渗透

会，肯定要能满足不同人的需求，尤其是一些身体先天有障碍的群体，我们应该设身处地为他们着想。

还有的学生认为应该为弱势群体设立健全的心理机构，因为有的弱势群体可能是心理上出现了问题，比如抑郁症、自闭症或者心理障碍等，这就需要心理机构去帮助他们。

学生们各抒己见，以课文文本为基础，结合社会生活进一步领会作为社会的主流人群或者相对幸运的人，我们应该尽自己的所能去帮助弱势群体，从而实现了语文课上的暖心德育。

三、在作文教学中引导学生的思想

作文是语文教学中的重要板块，学生的写作水平也能够在一定程度上反映出其认知能力、品德情感、心理活动等，所以，一定要高度重视作文教学，通过文章去了解学生的思想动态，对于思想有问题的学生需要及时进行思想教育。

首先，作为语文教师，我们要善于发现作文中好的一面，对学生习作中表达出的积极健康的情感和思想给予肯定。诸如此类的作文教学，不仅能够提高学生明辨是非的能力，而且对于引导学生追求真善美具有不可替代的意义。

其次，在作文评改中进行德育引导。叶圣陶先生曾指出："能不能把古老的传统改一改，变一变，让学生处于主动地位呢？学生养成了自己改的能力，这是终身受益的。"好文章是改出来的，改不好文章就写不好文章。因此，培养学生修改作文的能力，实际上就是培养学生评论、鉴赏以及明辨是非的能力。评价一篇作文也是对学生道德品质、行为表现、认识能力的评论。在习作完成之后，教师应引导学生在遣词造句、文章条理、结构安排等方面进行修改。教师在作文评改教学中，要通过评改作文，使学生受到良好的思想品德的熏陶，潜移默化地强化德育效果。

除了现场作文外，周记也是一个非常好的德育平台，因为其中有学生们的心声，教师可以通过批阅周记及时掌握学生的思想动态、行为习惯以及心理感受。

四、从社会生活中汲取营养

如今我们常常可以听到"大语文观"这个词，也就是说教师不能仅仅局限于传授课本知识，而应该引导学生们拓宽视野，关注时事，拥有时事语感。课前三分钟演讲便是可以利用的方式，刚开学时我便确立了课前三分钟演讲的主题，查找最近一周学生所感兴趣的国际新闻或社会新闻，让他们简单介绍新闻之后发表自己的感想。此举一方面是为了让学生多关注新闻，另一方面也是想让家长抽出时间陪孩子聊聊当前的社会问题。比如晚饭时分一家人围坐在桌边边看新闻边交流，这也是一个非常好的教育契机。给我留下深刻印象的演讲是有一位同学讲了最近的"瞒豹"事件，4月19日上午，杭州野生动物世界猛兽区繁育场饲养员到金钱豹笼舍打扫卫生时违反了安全操作规程，致使3只圈养的低龄金钱豹外逃。事发后，该园区应急预案不到位，存在严重瞒报行为，既没有及时报告相关部门，也没有对外报告。在整个"瞒豹"的过程中，有很多人参与其中，但竟然没有一个人勇敢地站出来，说出金钱豹丢失的事实，原因是怕影响园区五一假期的经营收入，而这一笔收入还不小。因为钱，动物园选择不顾民众的安危，也无视豹子的安危。最后这位同学还引用了电影里的一句话："我们一路奋战，不是为了改变世界，而是为了不让世界改变我们。"他说，这个世界因为种种原因掩盖真相、欺瞒群众，我们应该学习《皇帝的新装》里的孩子，敢于说出真相！听完他的演讲后，教室里响起了同学们的热烈掌声。在这次演讲中，学生们树立了正确的是非观，并且学会了坚持自我、敢于发声。

另外，还有的同学讲到了近期成都49中某位同学跳楼轻生的事件，我当时就这件事对班上学生进行了生命教育。近年来，类似的事件频频发生，青少年的心理抗压能力越来越弱，挫折教育迫在眉睫。该同学还引用了课文《紫藤萝瀑布》中的一句话："花和人都会遇到各种各样的不幸，但是生命的长河是无止境的。"个人的不幸或挫折是短暂的，而人生却是漫长的，因此我们需要耐心，要拉长人生的维度，不要着眼于眼前，当我们经历的事情越多，我们所纠结、想不通的点可能就会在某一刻释怀或豁然开朗。当时讲这番话是专门要说给班上一些有抑郁倾向的学生听的，所以讲完之后我专门

上篇 德育渗透

注意了一下这些学生，发现他们有的会心地点了点头，嘴巴里还在重复着让他们有所感触的句子。这样的演讲效果才真正起到了德育的作用。

还有的学生提到了刚发生的一件大事，也就是袁隆平院士的去世，讲述了袁老的生平经历，还播放了一段关于袁老的采访视频，其中提到一个人要想取得成功需要知识、汗水、灵感和机遇，机会只留给有准备的人，最后学生在PPT上打出"袁爷爷一路走好，我们定会珍惜每一颗粮食"的文字。听完之后，我很感动，因为学生们懂得了珍惜，也懂得了感恩。

因此，语文课更应该从社会生活中汲取营养，以塑造学生健全的人格和独立的思想，培养其丰富的情感。好的教育不应只是为了帮助学生考上一个名校或者找到一份好的工作，更应教会他们如何更好地生活。

五、言传身教，教师成为好品德的践行者

"师者，人之模范也"，所以，作为教师，尤其是一名语文教师，自己的一言一行随时都有可能影响学生，我们的衣着、我们的言行、我们的处事方式都是学生学习模仿的典范。有时候，我们会在某个学生的身上看到自己的影子，她衣着大方得体、她言语有礼柔和、她处事分寸得当，渐渐的我们会发现班上很多学生都像自己了，这个时候应该是教师最满足的时候了吧！每周有一节作文课，会讲评上周的作文，找出作文中的问题，指出作文中的亮点。每次讲完作文，我都会布置下一次作文，而每次交上来的作文中，我们都会惊喜地发现，有一些学生就像钻进了我们心里似的，完全写出了我们期待的样子。

苏霍姆林斯基也曾告诫我们："没有情感就没有教育，但情感的布施从来就不是无缘无故的，而更为注重的是方法和分寸。"在课堂上，我们常常会发现如果今天身体不舒服，没有太大的精力去带动学生的情绪，那么这节课学生的情绪就不会很高；如果这节课我们准备充分、精力充沛，那么这节课学生也一定会饱含热情。所以，一个好的教师，一节好的课堂，一定是激情迸发、思维碰撞、热烈欢快的。由此可见，作为教育工作者，我们应该全身心地培养自己对学生的情感，使情感成为教和学的联系纽带，从生活和学习中着手培养情感。

教师要有积极的人生观和正确的价值观。每个人都有自己的价值观和人生观，很多人把拥有财富作为衡量一个人成功的唯一标准，而初中阶段的学生们还没有正确的判断力，很容易受到外界的影响，所以，作为语文教师，我们应该有正确的价值观和人生观。还记得我们曾经遇到过一个谈成功的话题，我问学生："成功是什么？"学生就开始举例子："爱迪生是成功的""比尔·盖茨是成功的"，等等。我笑了，随后说道："我觉得你身边就有很多人是成功的，比如你们的老师我。"学生们笑了，有欣慰的、有惊讶的、有顿悟的。接着我请了很多学生谈"老师为什么是成功的；从哪些地方可以看出老师的成功"。他们便慢慢明白了，老师有着自己喜欢的职业，在传授知识的过程中体现着人生的价值；老师有很多的朋友，在与朋友的交往中体现自己的真诚，在付出时体现自己的真心。老师没有钱，老师没有名，但老师仍然认为自己很成功，这个成功跟名和利没有任何关系。这个时候学生们就明白了，衡量一个人成功与否的标准和名利没有关系。潜移默化间传递给学生的是一颗平常心和对金钱的正确看法。

总之，初中的语文教育与情感教育和德育密不可分，有时候觉得语文教育就是人生教育，它就像一位母亲，教孩子知识，教孩子做人，教孩子处事，教孩子成功。作为语文教师，我们除了必须掌握教学技能外，还必须有丰富的情感、得体的言语和正确的价值观。

希望每个人都能享受自己的课堂，在自己的学科中找到独有的德育契机。

立足小学语文教学课堂，加强心理健康教育

深圳市龙岗区南湾学校　王琰

关注中小学生的心理健康发展，要从小学抓起。在学生学习与成长的过程中，教师要发挥正向作用。正所谓言传身教，教师本身要有正确的三观和恰当的教学观念，为学生树立好的榜样。教师在日常的教学中要注重所使用言语的适度性，不以过分的言语对学生进行评价，不能给学生留下心理阴影，因为这很可能会给他们造成较持久的负面心理影响和心理暗示。相反的，教师要把握课堂机会，给学生灌输正确的观念，以帮助学生形成健康的心理态度来应对学习上和以后生活中会遇到的问题与困难。

一、增进课堂互动，营造融洽氛围

在课堂中，教师与学生的互动是非常重要的，师生之间的互动不仅会提高课堂效率，而且会促进师生间的沟通。实际上，从学生的发言情况以及发言的内容就可以判断出学生目前的状态以及所拥有的一些观念，所以，教师要抓住这一点，在课堂中增加与学生互动的机会。同时，教师要注重对学生的鼓励，不要吝啬对学生的夸奖，因为教师的激励对于学生的心理可以起到正面的作用，可以让学生不自觉地产生正向心理暗示，使得学生更加自信。另一方面，教师在讲授课文时可以多用幽默的话语来营造轻松的氛围，让学生沉浸在语文的学习当中，对语文学习产生浓厚兴趣，这也有利于学生维持健康的心理状态。

二、加强正确引导，树立正确三观

很多学生之所以会出现心理方面的问题，是因为没有形成正确的人生观和世界观、价值观，从而导致没有明确的人生目标。实际上，在小学阶段，学生就应该形成正确的三观，用积极乐观的态度去面对遇到的困难。许多学生在小学阶段没有受到良好的心理健康方面的教育，再加上自己没有明确的学习目标和人生追求，在中学阶段甚至以后就会随波逐流，变得迷茫，也极有可能产生严重的心理问题。所以，教师在学生的小学阶段就要引导他们树立正确的三观，向学生灌输正确的人生观念。教师可以在语文课堂中加强对于历史的学习，提高学生对于党史的认识，让学生在以后肩负起新时代青年的责任与担当。

以部编版五年级上册第四单元为例，这一单元中就有这方面的课文，可以作为非常好的引导材料。教师可以通过讲解课文之后的拓展内容来帮助学生了解党史和国家发展史，以树立自己的人生目标和追求，形成健康的心理态度。

三、运用恰当工具，建立沟通平台

如今科技迅速发展，人们的生活水平提高，对于学生来说，他们所接触的事物也不再是单一的，而是多样的。教师应该抓住这一特点，运用多样的教学工具，搭建与学生有效沟通的平台。比如，教师可以通过搭建树洞的方式，可以运用互联网平台，进行学习方面的交流和思想方面的倾诉。总之，教师的教学不必拘泥于传统形式，可以运用一定的工具和手段，与学生搭建有效沟通的平台，以免学生将问题和想法都留在心底。

四、结语

总的来说，教师可以通过内容和形式两种思路将学生的心理健康教育融入语文课堂当中。既要注重学生对于语文内容的学习，因为这有利于学生正确观念的形成；又要注重新型工具的运用，吸引学生的兴趣，保证学生健康心理的形成。

参考文献

［1］朱淑芳.如何在小学低年级语文教学中进行心理健康教育［J］.文渊（中学版），2020（1）：401-402.

［2］杨圣舫.心理健康教育在小学语文教学中的有效渗透［J］.才智，2019（34）：77.

［3］王世芳.心理健康教育在小学语文教学中的渗透［J］.西部素质教育，2019，5（23）：88.

《中国水资源》

——课中环保德育的渗透

深圳市龙岗区南湾学校　吴燕芳

中学生是中国未来的希望，在初中地理教学中，渗透环保德育显得尤为重要。地理要学习生活中与地理有关的知识，并将所学的内容运用到生活中去，要挖掘初中地理教材中有关环保德育的内容，探讨在地理教学中渗透环保德育的途径和方法，从而提高学生的环保意识和综合素养。本文在《中国的水资源》一课的教学环节中进行环保德育渗透，呼吁学生们保护水资源和节约用水。

《中国的水资源》为湘教版初中八年级地理学科的内容，本节课主要通过让学生了解我国有限的水资源，知道我国水资源的现状，了解我国解决水资源问题的对策；继续培养学生使用地图和相关图表、材料及利用所学知识分析、解决问题的能力。同时利用身边素材使学生认识到珍惜水资源的重要性，初步树立保护环境的意识，并从自己的实际生活出发，节约用水。

一、课前备课，寻找渗透环保德育的素材

课前，布置学生调查中国水资源的现状，包括水资源的时间和空间分布状况。同时我上网寻找了一些地区水资源短缺和水资源污染的小视频，供学生们观看。课前通过播放有关水污染、农田污染，以及偷排导致空气污染、土地荒漠化、水土流失等内容的录像，让学生们在真实的镜头中感受到环境的恶劣。通过黄土高原水资源短缺的视频，让学生们深刻认识到原来我国

家竟有这么缺水的地方；作为祖国温暖大家庭的一员，我们应该如何去应对，从而进入本节课的学习。

二、课中，充分利用教材内容渗透环保德育

1. 学生小组合作展示中国水资源的时间和空间分布不均

小组同学通过课前调查的数据展示中国降水空间具有南多北少、东多西少的特点，降水时间主要集中在夏季，从而展开讨论——如何解决我国水资源分配不均的问题。学生通过预习课文，讲到跨流域调水和修水库等措施。在此基础上，教师进一步提问：我们南方地区是否也有缺水的烦恼呢？你知道吗？由于降水的季节性变化，南方的某些农村在少雨季节也出现了严重的干旱，造成农作物的减产。而某些地方由于水污染严重，甚至"守着大江没水喝"，所以我们每个人都要从自身做起，节约用水，保护水资源！

2. 全员全校调查水资源，挖掘环保德育内容

在课堂上，教师指导学生计算人均水资源量，了解中国与全世界的差距，得出中国是一个水资源总量大但人均资源不足的国家，从而让学生认识到水资源的短缺正影响着人们的生产和生活。紧接着，教师组织学生分组对学校的用水现状进行参观调查，使全班学生直观地看到：在我们身边存在着许多浪费水资源的现象，例如学校水龙头滴漏现象，食堂几个大桶中扔掉的剩饭和剩菜，还有校运会结束后操场剩下的很多无人认领的未喝完的水等。这些画面都让学生的思想受到震动，在此基础上，教师进一步引导学生深入分析——被丢弃的矿泉水与浪费水资源的关系。通过分析，全班同学认识到：一个垃圾桶里面大概有14~20瓶未喝完的矿泉水，每瓶矿泉水500毫升，我们学校垃圾桶共计50个，这样算下来，我们举办一次校运会浪费的水资源达到20000多毫升，这还只是一次活动的数量，学校几乎每周每个年级都会举办活动，每次举办活动都免不了要准备矿泉水，或者会让学生自己带水杯喝水，有些低年段的学生在校用水嬉戏打闹也会造成对水的浪费等。这些触目惊心的画面和数据，便是最好的教育素材。我进一步引导：同学们，因为这些水找不到主人了，它们就只能被丢弃到垃圾桶吗？我们有没有办法把它们用出价值呢？同学们回答说，可以用来浇花，可以用来拖地……那我们开始

行动吧。同学们便开始从垃圾桶里面把矿泉水瓶取出，和其他垃圾分开，把水倒出来，把矿泉水瓶放到另外一个袋子里。学生们一边弄一边露出为难的表情，这瓶水还剩一半，好浪费啊，另外一个学生说这瓶只喝了一口……

对垃圾进行分类以后，学生们有的开始拖地，有的跑去给花浇水，有些水保留着下次用。我又进一步提出问题：那我们以后搞活动时有没有办法避免水资源浪费呢？同学们纷纷回答，可以在看比赛的时候把水带上，让水不离身；可以在瓶子上做记号；收拾垃圾的时候可以寻找矿泉水的主人，实在找不到再进行处理……

同学们，大家设想一下：如果今天我们没有处理，那会有什么后果？

搬垃圾的同学会非常辛苦，一路上还有可能因为水太重了而把袋子弄坏，这些矿泉水瓶因为没有分类而被浪费……

由此可见，在生活中不浪费、养成垃圾分类的好习惯会给我们的社会节省很多资源。在我国西北地区，有多少人没水喝，十天半个月才能洗一次澡，我们中国的水资源分配不均，能利用的淡水资源也十分有限，我们要在生活中时时节约水资源、爱护水资源。

三、课后宣传，强化教育效果

学校可以把环保宣传教育作为环保教育的切入口，如在学校设立环保教育宣传栏，在校门口派发环保宣传报，举行4月23日地球日和5月6日世界卫生日环保大赛，从而使学生在关注环境的过程中，树立科学的思想，丰富课余生活。

此外，我们还可以把主题班会作为开展环保教育的重要切入口，采用多样的班会形式，如诗歌、故事小品、歌曲知识竞赛等，既活跃了课堂气氛，又增加了趣味性，从生活小处入手，潜移默化对学生进行环保德育。包括班级的卫生管理制度，我们也可以把班级科学用水作为文明班级评比的重要指标，从而激发学生自动保护水资源的热情。

在德育的渗透中，我们要避免过于理论化的讲解，而应在生活实践中培养学生良好的行为习惯和解决问题的基本技能，以学校为主阵地，带领学生走好环保之路，让保护环境在每一个学生中生根发芽，从而创造美好的未来。

上篇 德育渗透

体裁千变万化，德育渗透始终

深圳市龙岗区南湾学校　向香花

　　德者，本也。可以说德育在整个教学过程中起着至关重要的作用。在学习《升国旗》的课文中，教师应特别注意培养学生的爱国热情；在《玲玲的画》的课文总结中，语文教师将本次教学的目的再次进行了升华与重申——遇到问题多开动脑筋，积极寻找解决的办法，如此坏事才能变成好事。这时候的语文教学已经不是单纯的语文学习了，而是渗透了多方面的德育学习与教育。而身为语文教师，我们在教学中贯彻德育有着得天独厚的条件。其实综观语文教师的教案，德育教学片段不在少数。语文教材浅显易懂、题材多样，大道理都暗含在一个个故事中，每一节课学习完毕，顺势引出最后的情感价值与道德观的培养，很好地将学生的道德教育与语文教学融会贯通，达到各取所需、互相促进的目的。综观小学语文教材，不难看出每一种体裁的课文都对学生们有着不同的德育目标。

一、在童话中把握"爱"的真谛

　　作为学生们最喜爱的一种文体——童话，每个故事的情节都是那么诱人、那么有吸引力，学生们在学习完后依然意犹未尽，这时候如能巧妙地引导他们寻找童话中蕴含的深刻的教育意义，将对他们的人生起着不可忽视的作用。学习《卖火柴的小女孩》时，学生们一开始可能更多的产生对小女孩的同情、对旁人冷漠的憎恨，可是，如果语文教学仅仅停留在这一层面上，显然将对学生们产生消极的人生影响。我们可以通过寻找细节，去引导学生们的思想。如小女孩在丢失了拖鞋、一根火柴也没有卖出去的情况下，她的内心充满着的依然是对光明、温暖和幸福的向往，如此善良、光明、纯真的小女孩难道还不足够教会我们要保持阳光积极的心态来面对一切吗？她身上所散发出来的"爱"的力量正是我们要引导学生们去发觉的正能量。而"爱"的主题在《神笔马良》《七色花》《七颗钻石》《巨人的花园》等课文中的体现就更为明显了。

二、神话故事中让人感动的英雄主义和博爱精神

在读《盘古开天地》《女娲补天》《羿射九日》《精卫填海》《普罗米修斯》《夸父逐日》这些神话故事时，学生们最初的感受可能是：这些神真是太厉害了，太强大了！盘古可以开天地、女娲能补天、后羿能把太阳射下来等。可是，力量这么强大的神做的这些事都是为了谁呢？不难看出，几乎所有的神，让他们愿意为之付出所有的几乎都不是为自己。盘古创造了大地万物、后羿为了人类不被十个太阳炙烤而射下了九个太阳、夸父为了能永远地将太阳留住而开启了艰难的追日过程、普罗米修斯为了给人类送去火种受尽种种折磨。"力量越大，责任也越大。"此时，他们已经将自己的生死置之度外了，这种舍己为人的博爱精神与危难之际体现出来的英雄主义正是神话的教育意义所在。

三、景物、状物描写离不开环境保护

写景类的文章在语文教学中的目的相对比较好把握，通常可以用"表达了作者对大自然美景的喜爱，以及爱护大自然的美好愿望"来概括中心思想。怎么不是呢？《富饶的西沙群岛》《美丽的小兴安岭》《观潮》《山雨》《索溪峪的"野"》等，哪一篇文章不值得我们细细品读？在有感情地朗读中，感受景物的美好、学习作者的细致观察、感叹大自然的神奇。在一步步的教学开展过程中，学生们对美景的珍爱之情就逐渐被培养出来了。状物类文章《鲸》《松鼠》《白鹅》中所描写的动物，更加能激起学生们的兴趣和保护欲。此时，只要稍加点拨，他们就能意识到美丽的景物也好、环境也好、地球也好，都是需要我们共同维护才能一直存在下去的。这时候的环

上篇 德育渗透

保意识已经在他们的心中生根发芽了。

四、从故事中学习大道理

撇开以上文体，语文课本最多出现的还是以故事为主的课文。故事的种类很多，每一种类的写作目的也不一样，但是却非常明确、浅显易懂。如回顾类的文章，《圆明园的毁灭》《狼牙山五壮士》《难忘的一课》《开国大典》等是为了培养学生们的爱国情感，让我们珍惜现在的幸福生活。成长类的文章，如《地震中的父与子》《慈母情深》《"精彩极了"和"糟糕透了"》《窃读记》《落花生》等，让我们感受到父爱与母爱的伟大、前辈们对书本的热爱——读书的重要性，借物喻人地让我们明白了要做一个有用的人，等等。类似的故事还有很多，其中深奥的道理需要教师深入挖掘、在课堂上进行巧妙点拨。

当然，课文的种类还有很多，如每一则寓言都带给我们不同的教育意义；说明文教会大家学会观察、爱上科学等。不仅如此，语文教学中的"口语交际"也能教会学生们学会倾听、学会阅读、学习正确地与别人相处；园地里经常出现的"诚信教育"、三字经的规则意识、珍惜时间等的名人名言也是德育渗透的良好时机；就连习作中也会引导学生们去感受集体的力量，发现生活中的"爱"，创造出有教育意义的德育小故事等。

如果说语文学科中渗透德育已成常态，那么德育对语文的帮助也不小，它们是相辅相成、互相促进的关系。低年级的学生，可以通过德育过程认识更多的汉字、熟悉更多的德育小故事；高年级的学生可以将语文课上的名言、故事等作为德育的论证依据。

总之，德育跟语文是两个紧密联系、互相促进的个体，教师们只有在深入研究教材、充分备好课文的基础上将两者自然地进行渗透、融合，才能增强课堂的活力、提高教学效率，也让德育过程变得更加简单、更加自如，从而达到事半功倍的效果。

探究核心素养下初中数学教学中的德育渗透对策

深圳龙岗区南湾学校　徐峥娜

初中阶段是一个人长期学习发展的关键时期，作为一名合格的初中数学教师，要强化自己的专业素养，了解学生的兴趣所在，将德育合理地渗透到数学课堂中。教师要提高自身的专业素养，深刻认知德育内容，善于结合学生的不同情况来调整自己的教学策略。

一、当前初中数学课堂上开展德育的特点

1. 德育具备整体性特点，有利于学生理性思维的发展

将德育逐步渗透到当前的初中数学课堂上，符合新课程改革内容中对培养学生综合素质的要求，同时也有助于提高学生的条理性和整体性。初中数学的学习中蕴含着非常多的公式和模型，采用把德育结合到数学教学过程中的教学模式，可以帮助学生在推导公式的过程中增强抗挫能力和推理能力。

2. 德育具备深刻性特点，有利于学生树立终身学习的意识

把德育渗透到初中数学课堂中不是一朝一夕就可能完成的，需要教师和学生双方的共同坚持。德育的效果不是立竿见影的，而是需要教师长期、持续的渗透。教师在向学生们讲解解题过程的时候，要注意培养学生科学严谨的态度，帮助学生树立正确的学习习惯。

3. 德育具备实践性，要加强德育与生活实际的密切联系

想要实现德育与数学教育的有效融合，单单靠照本宣科式的教学方法是行不通的。教师要让学生明白数学知识与现实生活的密切关系，掌握使用数学知识解决生活中实际问题的能力，在这个过程中渗透德育。这样可以让学生在实践中感知德育和数学原理，有助于激发学生的数学潜质。

二、将德育渗透到数学课堂上的有效措施

1. 采用案例教学法合理开展德育

对于初中数学课堂来说，德育具备"隐蔽"的特征，它不会像数学公式和定理那样直接通过文字展示到学生眼前，而是需要教师用自身高超的专业素养和技能，把德育流畅自然地融合在数学学习之中，让学生在学习数学知识的过程中潜移默化地提高德育观念。例如，教师可以采用"案例教学法"，在学习到圆形及多边形的时候，教师可以向同学们展示祖冲之等人是经历了多少错误和困难之后才最终演化出这些理论的，让学生了解理论的来源背景和依据，激发学生勇于钻研、不怕艰苦的求学精神，提高学生的道德修养。

2. 采用合作学习法有效开展德育

学生学习数学知识的主要平台是课堂，课堂是教师渗透德育的关键平台，教师可以根据学生的不同特点及水平合理地将其划分为若干个学习小组，培养学生团结协作的集体意识。例如，在学习到反比例函数的时候，教师可以在讲完课本上的基本概念知识之后，在投影上出示一道经典题目，让同学们分小组进行讨论并作答，看看哪个小组完成的速度又快且正确率又高，以此深化学生的认知程度，使学生在头脑中树立团队协作意识。

3. 采用情境教学法提高德育的效率

对于初中数学教学来说，实现德育的有效性要求教师持续地在教学中进行渗透。为了避免让学生感到枯燥，教师可以积极营造合理的情境以达到德育的渗透，进而达到学生数学技能和德育情感的双重升华。例如，在学习三角形勾股定理的时候，教师就可以采用情境教学法，依托学生的现实生活积极为其营造学习情境：每星期一学校都举行升旗仪式，同学们知道旗杆有多

高吗？有哪些方法可以对旗杆的高度进行测量呢？进而引出本节课的学习内容——勾股定理。学生在学习数学原理的过程中掌握了推理、证明的技巧，加深了对数学原理的感性和理性认识。通过这种教学模式，不但强化了学生思维的逻辑性，锻炼了学生用数学的眼光看待问题的能力，同时也加强了学生不怕吃苦、勇于探求的毅力，有助于德育在学生群体中的成功渗透。

三、结语

从上述内容可知，新课程标准要求教师在教学过程中合理恰当地融入德育，这是全面实现素质教育的要求。所以，初中数学教师在教学实践中要扮演好引导者的角色，积极调整学生的错误思想，帮助学生树立终身学习数学的意识，恰当适宜地把德育素材融入数学教学之中，使学生拥有正向的家国情怀，提高学生的社会使命感。

参考文献

［1］石哲青.初中数学课堂中德育渗透力的有效途径［J］.课程教育研究，2016（14）：1–25.

［2］庄亚丽.探讨初中数学德育教育的重要作用［J］.城都市家教，2017（12）：9.

［3］李霓虹.中学生视野下初中数学德育探索［J］.数学学刊，2017，39（15）：74.

上篇

德育渗透

爱国主义在历史学科中的渗透

深圳市龙岗区南湾学校　周　楠

爱国主义是初中历史教学中的一大重要精神内涵，作为一门重要的人文学科，爱国主义在历史教学中的渗透事关社会主义接班人的素质和坚定为祖国做贡献的内核力量，因此，爱国主义在历史学科中的地位至关重要。

初中历史的核心素养包括史料时政、历史解释、历史理解和家国情怀。通过爱国主义精神的渗透可以帮助中学生树立正确的人生观、价值观和世界观，使学生真正成为坚定社会主义信念的、品德良好的社会主义接班人。习近平主席在全国教育工作会议上指出："思想政治素质是最重要的素质，不断加强学生和群众的爱国主义、集体主义、社会主义思想，是素质教育的灵魂。"因此加强对学生的爱国主义教育，培养他们的爱国情感，提高学生的思想道德素质，必须在历史教学中从以下几方面挖掘爱国精神和内涵，进行教育。

一、从中国古代史中寻找爱国主义精神内涵

爱国主义是"千百年来巩固起来的对自己的祖国的一种最深厚的感情"。国家的人民对本国历史的了解愈深，愈能激发他们的爱国心。中华民族的历史上下五千年，人才辈出，群星璀璨，尤其是在文明开化时期，我国在科技、文化、建筑等方面居于世界文化首位，是世界四大文明古国中唯一没有断代的国家。这是对民族的认同，对国家文明的延续，是每一个华夏儿女对于祖国深厚的热爱。

中国是世界上最早从奴隶社会进入封建社会的国家，比欧洲早了近一千年。秦始皇统一六国，建立起世界历史上第一个统一的中央集权的封建专制王朝。他宣布废除分封制，推行郡县制；废除井田制，实行土地私有制；统一度量衡、货币和文字。这些经济、政治制度在之后的封建社会不断完善和发展，并在一定历史时期成为世界上最先进、最文明的。因此，有五千年以上文明史的中国，虽出现过三国、南北朝、五代十国等分裂割据的局面，但作为一个多民族的国家，它的历史始终没有中断。在中国的历史上，从来没有亡过国，只有改朝换代，这是其他文明古国难以望其项背的。由此激发学生的民族自豪感，使其愿意从中国近代史中寻找爱国主义精神内涵。

二、从中国近代史中寻找爱国主义精神内涵

"忘记过去就意味着背叛"。我国人民，特别是跨世纪的一代青年，应该知道并牢牢记住中华民族近代的屈辱历史，不忘国耻。19世纪40年代，帝国主义用坚船利炮轰开了中国的大门，肆无忌惮地撕扯这块肥沃而又贫穷的土地，镇压敢于抗争的人民，中国人民陷入了半殖民地半封建的深渊。可爱的中国被帝国主义的铁蹄践踏，几万万同胞在水深火热中呻吟，中华民族到了最危难的时刻。一代中华儿女、一代先进的中国人怀着"振兴中华"的感情，艰难地探索着一条能够指引中国步入光明的道路。

从第一次鸦片战争开始，中国人民就开始了反抗外来侵略，争取民族独立解放的伟大斗争。从太平天国运动、义和团运动到辛亥革命，虽然经过了英勇的斗争，但还是失败了。自从有了中国共产党，中国革命的面貌才焕然一新。从第一次国共合作、北伐战争到辛亥革命，从第二次国共合作、抗日战争到解放战争，中国共产党人把马列主义的普遍真理同中国革命的具体实践相结合，运用坚强的无产阶级政党的领导、广泛的爱国统一战线和英雄的人民军队这三大法宝使中国革命从胜利走向新的胜利。中国人民最终推翻"三座大山"建立了新中国，当家做主人。中华人民共和国的诞生经历了怎样艰苦卓绝的斗争，这是后来人难以体验到的。"没有共产党，就没有新中国"，所有在红旗下长大的人们都听过这句话、唱过这首歌，然而，不是所有人都真正理解了这句话的深刻内涵，尤其是现在的中学生。"没有共产

党，就没有新中国"，这是中国近百年革命斗争的经验总结，它是千万志士仁人经历了无数次曲折磨难，用鲜血和生命换来的真理。共和国将永远记住李大钊、杨靖宇、刘胡兰、董存瑞等无数为中国人民的解放事业而英勇献身的先烈们。在教学中，循着历史的发展对学生进行教育，使学生了解中国人民反对外来侵略和压迫、反抗腐朽统治，争取民族独立和解放，前赴后继、浴血奋斗的精神和业绩，特别是了解中国共产党领导全国人民为建立新中国而不懈奋斗的崇高精神和光辉业绩，使学生知道我们今天的幸福生活来之不易。这是极好的革命传统和热爱中国共产党的教育。

总之，"少年智则国智，少年富则国富，少年强则国强"，青少年是祖国的未来，在历史教学中渗透爱国主义教育，要不断提高学生的思想道德素质，不断增强学生的民族自尊心和民族自豪感，为实现伟大的中国梦做贡献。

心理学在班级管理中的应用

深圳市龙岗区南湾学校 周 楠

班级管理的好坏关乎学校的秩序，关乎学生行为习惯的养成，更是班主任综合素养的体现。随着与教育结合得越来越紧密，心理学应用于班级管理的方法也越来越普遍。本文是我在工作中就心理学与班级管理的有效结合进行的总结和阐述，敬请大家批评指正。

文艺复兴时期，著名教育家埃拉斯莫斯率先正式使用"班级"一词，之后捷克教育家夸美纽斯对班级授课制从理论上加以总结和论证，使班级这一概念正式确定。之后，班级的定义随着现代教育制度得到发展和传播。我国的班级授课制最早于1862年京师同文馆中被采用，20世纪初，废科举、兴学堂之后，在全国范围内开始普遍采用班级授课制。而教育心理学在我国的发展其实是非常早的，经历过古代的辉煌发展与近现代教育的摸索，直到现在教育心理学的推广，取得了丰硕的成果。

随着我国教育心理学的迅速发展，一些新的班级管理方式也更加具有科学性和人文性的特点，为我国基础教育的发展注入了新的血液。

一、构建和谐的师生关系是班级管理的前提和基础

中国自古以来就非常重视师生关系，古代教育中就有"亲其师，信其道""一日为师，终身为父"的说法；近现代我国著名教育家陶行知先生也非常重视师生关系的和谐，提出：真教育是心心相印的活动。唯独从心里发出来的，才能打到心的深处。可见，师生关系是关乎学校教育是否有效的

上篇

德育渗透

前提。

新课改后，我们倡导的新型师生关系是：尊师爱生、民主平等、教学相长、心理相容。这就需要构建教师与学生的良好相处模式，改变传统的教师是绝对权威的思想和观念。因此，在班级管理上也要充分了解学生的身心成长规律，做到尊重、爱心、耐心相结合，倡导民主平等的班级管理方式，将话语权交给学生，让学生真正成为班级的一员，做班级的参政议政官。

放权给学生并不是教师不参与。班主任的角色是要变"独裁者"为"领航员"，掌握班级发展大方向，在学生迷惑时拨开迷雾，指引方向；变"旁观者"为"参与者"，在学生意见不统一时抓住核心问题，及时避免矛盾的扩大。

二、巧用"破窗效应"进行班级管理

"破窗理论"认为：完好的东西，便没有人去破坏；而破坏了的东西，就会遭受更大的破坏。没有"窟窿"的时候，没有人去钻"窟窿"；而一旦有了一个"小窟窿"，就会有一群人去把它变成"大窟窿"。这种奇怪的"破窗现象"，在班级管理中也经常出现。积极心理学提出了积极预防的思想。它认为在预防工作中所取得的巨大进步来自个体内部系统塑造的各项能力，而不是对缺陷的修正。所以在班级管理中要有预见性，要主动预防"破窗现象"的出现。

在接手现在的班级之前，我一直是班级的科任教师。这学期由于工作变动，开始做这个班级的班主任。学生们还是比较熟悉和支持我的。但是三个学期换了三个班主任，导致学生也比较松散，尤其是在学校大型集会上，集队缓慢、队伍不整齐现象比较严重。了解到这个问题后，我先从集体活动上进行了整改。

七年级一年因为学校课间跑操被扣分现象比较严重，几乎每次跑操都要被当着全校同学的面批评，接手后我下定决心绝不让这样的情况再发生，一旦形成习惯，再整改便难上加难。因此，我在班级再次重申跑操的纪律和规范，借助班级小组加减分制度进行管理。每次课间跑操时我都会站在主席台前观察学生的情况，及时表扬跑得好的小组或个人，回班级进行加分奖励。

一周后，班级跑操越来越整齐，每次都能成为跑操示范班级而被学校表扬，学生们信心满满，再也没有在跑操的问题上被点名批评过了。

在班级的集体感召下，跑操不整齐的"破窗"已经被修复得很完整了。虽然这只是班级管理中的一件小事，但是却大大鼓舞了班级同学的士气，更加坚定了他们作为班集体的力量。

三、重视强化的力量

强化理论由美国心理学家斯金纳提出，指出学习的实质是在建立操作和强化物之间的联结，强化可以提高反应的概率。在班级管理中，强化的力量主要表现在正面鼓励、积极评价上，在班级管理中借助物质和非物质的方式进行及时表扬和反馈是主要的方式。

在班级管理中，利用小组进行管理充分体现强化的积极作用。在作业、卫生、文明礼仪等方面加强细化，并且鼓励学生积极参加学校及教育部门的活动，并告知可以参与班级的小组加分。在正面引导下，学生的责任心、集体荣誉感被激发，发展了他们的特长和兴趣爱好，其素质教育也得以发展。除了有加分制度外，还要重视反馈，及时进行总结，改正问题和错误，坚定发展方向。另外，还要借助适当的物质奖励，将好习惯发展成为大家追求的行为准则，建立积极的班级舆论，真正使班级成为行稳致远的优秀班集体。

陶行知说："千教万教，教人求真；千学万学，学做真人。"作为班级管理者，我们要充分借助心理学的方法，将班级打造成积极向上、健康发展、团结友爱的集体。

在《秋天的怀念》里体悟生命

深圳市龙岗区新亚洲学校　周兰美

史铁生的《秋天的怀念》是教育部审订、人民教育出版社七年级语文上册第二单元第一篇课文，这个单元的课文从不同角度抒写了人世间最普遍、最美好的感情之一——亲情。史铁生在《秋天的怀念》里表达了对母亲的怀念，赞美了最伟大而又最深沉的母爱。在史铁生双腿瘫痪后，他母亲所呈现出的母爱浓缩在"好好儿活"上。怎样才是"好好儿活"呢？学习这篇课文，我们要从字里行间去感悟母爱的伟大，同时带领学生进行一场"生命"探索之旅。

什么是生命？我们的答案绝不仅仅是生命体的存活。生命要正常存活下来，必然要遭受种种的磨炼。

一、生命里的磨难

《秋天的怀念》开篇写道："上腿瘫痪后，我的脾气变得暴怒无常。望着天上北归的雁阵，我会突然把面前的玻璃砸碎；听着听着李谷一甜美的歌声，我会猛地把手边的东西摔向四周的墙壁。"史铁生双腿瘫痪时21岁，他自己说"我活到最狂妄的年龄上忽地让我残废了双腿"。最狂妄的年龄生命正是张扬恣肆的，要怀着凌云壮志踏遍万千世界，可史铁生双腿瘫痪了。这是他生命中最残忍的磨难。面对残疾，他无法接受，喊着："我可活什么劲儿！"这是一个活到最狂妄年龄里的人的生命磨难。而他母亲又在遭受着什么呢？"可我却一直都不知道，她的病已经到了那步田地。后来妹妹告诉我，她常常肝疼得整宿整宿翻来覆去地睡不了觉。"史铁生母亲生命里的磨难，不仅仅是自我病痛的折磨，还在于她的苦痛不为人知，至少作为儿子的"我"不知，还在于她的苦痛不能言说，无法对儿子言说，也还在于要忍受儿子的残疾所带来的打击，也还在于残疾的儿子对生命绝望的精神状态对她的打击。

如果这还只是一时的，那也还可以凭借着生命里一时的坚强扛过去。仔细阅读文字，我们将视线停留在这句话上："她正艰难地呼吸着，像她那一生艰难的生活。"文字里流露出对母亲一生艰难生活的痛惜，也写出了"我"的愧疚。"我"双腿的瘫痪，"我"双腿瘫痪后的"暴怒无常"使母亲的生活更加艰难。但母亲还是忍住哭声说："咱娘俩在一块儿，好好儿活，好好儿活……"

二、生命的不同姿态

文章结尾："又是秋天，妹妹推我去北海看了菊花。黄色的花淡雅，白色的花高洁，紫红色的花热烈而深沉，泼泼洒洒，秋风中正开得烂漫。我懂得母亲没有说完的话。妹妹也懂。我俩在一块要好好儿活……"我们该如何理解呢？究竟要怎样"好好儿活"呢？

文章写得特别含蓄。菊花有各种姿态，颜色各异："黄色的花淡雅，白色的花高洁，紫红色的花热烈而深沉"，我们要懂得去欣赏，不同的菊花各有其美。但它们有一个共同点："泼泼洒洒，秋风中正开得烂漫"。这是生命之花的开放，生命可以用不同形式来展现，生命可以呈现出不同状态，但都要彰显价值、趋向光明。

诗歌中的菊花有不同姿态。屈原的《离骚》中赞美菊花高洁，"朝饮木兰之坠露兮，夕餐秋菊之落英"；陶渊明喜欢菊花，《饮酒》中"采菊东篱下，悠然见南山"，菊花象征着恬淡；苏轼在《赠刘景文》中赞美菊花的坚强，"荷尽已无擎雨盖，菊残犹有傲霜枝"。宋代诗人郑思肖的《寒菊》中"宁可枝头抱香死，何曾吹落北风中"一句则借菊言志，表现了郑思肖的民族气节。毛泽东在《采桑子·重阳》中写道："今又重阳，战地黄花分外香。"菊花又是革命乐观精神的象征。不管是高洁、恬淡、坚强，还是气

节、乐观，菊花都各有姿态、各有价值。对于每个人的生命来说也是如此，我们可以拥有不同的生命形态，但我们都要珍爱生命，不管遭受了怎样的打击，都要好好地活着，呈现出生命的"泼泼洒洒"和"烂漫"姿态。

三、活出生命的精彩

史铁生在《礼拜日》中写道："残疾有可能是这个世界的本质。"是的，史铁生的身体残疾了。但有的人四肢健全、身体健康，却存在心灵的残疾。身体的残疾并不可怕，可怕的是心灵的残疾。我们应该如何"好好儿活"？

苗向东在《史铁生的微笑》里写道："他的人生就是一部苦难史，但他始终微笑着。史铁生的名言就是'微笑着，去唱生活的歌谣，不要抱怨生活给予太多的磨难，不必抱怨生命中有太多曲折'。他直面人生苦难，微笑着弹奏从容的弦乐，微笑着面对挫折，微笑着接受幸福。"那么"好好儿活"就是要有积极向上的生活态度。史铁生懂得了母亲未说完的活："我俩在一块好好儿活。"他谨记母亲的教诲，走出了人生低谷，在文学创作上成就颇丰，与妹妹一起好好儿活。华语文学传媒大奖2002年度杰出成就奖得主史铁生的授奖词：史铁生是当代中国最令人敬佩的作家之一……他用残缺的身体，说出了最为健全的丰满的思想……"好好儿活"在于自足自身又对社会影响深远。从自身到家庭再到社会，史铁生真真正正做到了"好好儿活"。

不管是"淡雅"，还是"高洁"，抑或是"热烈而深沉"，我们的生命都要"泼泼洒洒"的"烂漫"，这才是生命的真谛，不管经历多少磨难，我们的生命都各有姿态，我们都要以洒脱的心态对待生命，活出自身的精彩，绽放生命的光芒。

语文教学中的德育渗透

深圳市龙岗区信义实验小学　谢青春

我国著名教育家叶圣陶说："学语文，就是学做人。"这句话说明德育在语文教学中占据了很重要的作用，而我们语文教材中的很多课文都能挖掘出德育元素，对学生的品德教育具有得天独厚的优势和无法比拟的特殊性。那语文教师如何在语文教学中进行德育渗透呢？

一、善于挖掘教材中的德育素材

语文教材中的很多内容都可以作为德育素材，有关于爱国主义、团结友爱、孝敬与谦逊等方面的教育，只要细心挖掘就会发现有很多能够加强学生思想品德的德育素材。

语文新课标也明确指出："培养学生高尚的道德情操和健康的审美情趣，形成正确的价值观和积极的人生态度，是语文教学的重要内容，不应该把它们当作外在的附加任务，应该注重熏陶感染，潜移默化，把这些内容贯穿于日常的教学过程之中。"可见，语文教学与德育是相辅相成的。

部编版五年级上册《慈母情深》一文，在引导学生思考时，我抓住令"我"鼻子一酸这个短语让学生体会在向母亲要钱时，"我"发现瘦弱疲惫的母亲竟在如此恶劣的环境下如此辛苦地工作，还给我买书的钱时，"我"对母亲的愧疚和心疼之情。再通过"那一天我第一次觉得自己长大了，应该是一个大人了"这句话引导学生要关心母亲、帮助母亲。最后让学生联系生活实际，说说自己有没有过"鼻子一酸"的经历。在一系列的德育渗透中，

上篇　德育渗透

学生感恩父母、孝敬父母的感情油然而生，在潜移默化中震撼了学生的心灵，从而达到了德育的目的。

在《搭石》这一课，同样也是先带领学生品味课文中"摆放搭石""走搭石""赞美搭石"这些让人印象深刻的画面，再通过"一排排搭石，任人走，任人踏，它们连接着故乡的小路，也连接着乡亲们美好的情感"等句子来体会乡亲们无私奉献的美好品质和家乡的淳朴民风，这也实现了语文学科中德育的渗透。其实这样的例子在语文教学中比比皆是，关键还在于教师在教学中如何做到有目的、有意识的渗透教育。

二、在语文活动中渗透道德教育

学校每学期都会开展很多语文活动，比如诵读中华经典、演讲比赛、故事比赛等，每一类活动中都有很多德育素材，能对学生正确的人生观、世界观、价值观起到积极的塑造作用，对学生良好品德的塑造起着积极的推动作用。

在一次"同讲红色故事，共传红色基因"的故事比赛中，我们班的学生在赛前做了充分的准备，先是对各个时期革命英雄人物的事迹有了深刻的认识，同时在故事比赛现场的精彩演绎也让人印象深刻。在整个过程中，学生既得到了锻炼，又无形中被渗透了德育。

三、在具体的实践行动中落实德育的渗透

德育工作具有长期性和隐蔽性，要想有成效就需要持之以恒。如果将作文教学作为德育渗透的重要途径，让学生变输入为输出，那也不失为德育渗透的好方法。

作文鼓励学生写自己最熟悉、最动情的事情，且要写出真情实感，学生创作的过程就是一次自我教育、塑造良好品德的过程。

在《"漫画"老师》这次作文中，很多学生都能结合自己的经历，选择发生在自己和老师之间最打动人的事例来写作，写出了教师对自己的影响并突出了教师热爱学生、爱岗敬业、严谨治学、勤勤恳恳等优秀品质，很多同

学还表示以后要做一个像教师一样能给人带来温暖和知识的引路人。

　　总的来说，把德育贯穿于语文学科教育的始终是一件任重道远的事情，只有在点点滴滴、耳濡目染中实现有机渗透，才能达到德育、智育双重发展的教学目的。

基于社会责任感培养的初中化学教学

——以谈"葱"色变之生活中常见的盐$CuSO_4$为例

深圳市龙岗区南湾学校　许逸群

一、问题提出

我国正处于全面落实社会主义核心价值观的时期，而社会责任感既是践行社会主义核心价值观的伦理基础，又是立德树人的重要支撑。党的十八大以来，习近平总书记对立德树人作为教育根本任务十分重视，多次做了深刻的阐述，全面开启了立德树人教育新篇章。教育部启动"立德树人"工程，并出台《国家中长期教育改革和发展规划纲要（2010—2020）》，以期培养德智体美全面发展的社会主义建设者和接班人。

《普通高中化学课程标准（2017年版）》指出：应以发展化学学科核心素养为主旨，立足于学生适应现代社会和未来发展的需要，充分发挥化学课程的整体育人功能。倡导真实问题情境的创设，重视开展"素养为本"的教学。

在化学学科核心素养的五个方面中，重视"科学探究"有利于学生形成化学学科特有的学科观念和思想方法，面对社会责任感的培育体现出化学学习更高层次的价值追求。本文以谈"葱"色变之生活中常见的盐$CuSO_4$为例，探讨如何在化学教学中基于真实的问题情境，以任务作为驱动，通过科学探究，建构、运用并完善对盐的认识，培育学生的社会责任感，落实立德树人的根本任务。

二、内容分析

《生活中常见的盐》位于人教版初中化学九下第11单元课题1。硫酸铜是初中学生经常接触到的一种盐，从第一单元的认识物质中化学变化和物理变化（九上

P.7），到第五单元质量守恒定律的化学反应（九上P.93），第八单元的湿法炼铜（九下P.11），以及第十单元常见的碱中的波尔多液（九下P.56），教材虽然没有用专门章节来进行全面描述，但它却是中考的高频物质。基于此，本节内容将教材进行重整，以生活中的真实情境——菜市场中的变色葱为依托，将学生的目光从实验室中的瓶瓶罐罐和遥不可及的实验转移到真实的农业生产与生活中去，揭示了化学中如何从知识走向实践与运用，具有丰富的素养内涵和育人功能。

基于内容分析，结合具体学情，将教学目标确定为：

（1）通过实验观察硫酸铜相关的反应，掌握盐的通性。

（2）通过对盐的通性的应用和完善，对生活和生产中的化学现象进行解释，提高利用化学知识解决实际问题的能力；提升高阶思维能力。

（3）通过了解CuSO₄的用途，正确看待化学，培育社会责任感。

三、设计思路

为达成教学目标，本节课设计"辨葱、识盐、探盐、用盐"四大学习任务，让真实的情境、完整的问题贯穿教学过程，具体设计思路如下图所示。

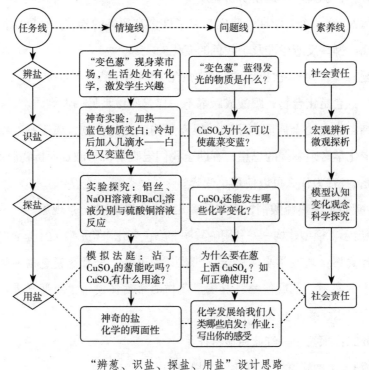

"辨葱、识盐、探盐、用盐"设计思路

上篇 德育渗透

四、教学过程

1. 导入：辨盐——来自菜市场的声音

情境1： 贵州、云南等地市场的"掉色葱"（阅读材料并观看视频）

问题1： 从材料和视频中，你品出了哪些"化学味"？

学生答： 该物质能溶于水，是蓝色的。

问题2： 这蓝得发光的物质是什么呢？

学生： 跟我们前面出现过的硫酸铜颜色相似，我猜是硫酸铜。

过渡： 遇到未知物质，我们可以进行知识迁移、模型建构、大胆猜测、小心验证。这思路是对的，值得表扬。化学物质出现在了我们的食品上，这种现象正常吗？原因是什么？让我们继续探讨。

设计意图： 通过"掉色葱"相关视频及文字材料引入餐桌上的化学，导入生活中常见的盐，培养学生的社会责任感。

2. **教学任务**

任务一：识盐——建模辨析物质

情境2： 这一个多学期，我们学习了许多有颜色的物质。请同学们在教材里找一找，哪些反应中涉及了颜色的变化？

问题3： 教材中多次提到的蓝色物质CuSO4属于哪一类物质？

学生： 它是化合物，跟酸或碱都不一样，应该是另一类物质。

小结： 它是由金属阳离子和酸根离子构成的化合物，属于盐。物质的分类是初中化学必须掌握的思想，有助于我们宏观辨析与微观探析物质世界。

问题4： 它为什么可以使蔬菜变蓝？

（生实验）加热硫酸铜，冷却后滴几滴水，观察并记录现象。

（生启示）模型建构——利用硫酸铜的颜色变化来检验物质中是否含有水。

设计意图： 通过学生实验验证"蓝"的由来，分析葱变色的实质，联系农业生产的实际，从物质分类与模型建构的角度促使学生深度思考，关注民生，关注知识，真正发展高阶思维。

任务二：探盐——红蓝白显特征

情境3： 美丽科学之重现化学"黑与白"。

问题3：以上视频材料中均涉及金属的置换反应，请写出相关化学方程式。

学生：$Cu+AgNO_3\!=\!=\!=\!Cu（NO_3）_2+Ag$；$Zn+Pb（NO_3）_2\!=\!=\!=\!Zn（NO_3）_2+Pb$

问题4：如果是硫酸铜溶液和活泼金属单质反应，会是什么现象呢？

（生实验）打磨后的铝丝浸入硫酸铜溶液，观察、记录现象，并写出相关化学方程式。

（生启示）硫酸铜溶液与活泼金属发生置换反应，有红色固体析出。

$2Al+3CuSO_4\!=\!=\!=\!3Cu+Al_2（SO_4）_3$

小结：可溶性盐与金属单质反应生成新盐和新单质。

过渡：除了活泼金属单质，这种蓝色溶液还可以跟哪些物质发生奇妙的颜色变化呢？

（生实验）分别将NaOH溶液和BaCl$_2$溶液滴入硫酸铜溶液，观察、记录现象，并写出相关化学方程式。

（生启示）分别有蓝色沉淀和白色沉淀生成。

$CuSO_4+2NaOH\!=\!=\!=\!Na_2SO_4+Cu（OH）_2\downarrow$；$CuSO_4+BaCl_2\!=\!=\!=\!CuCl_2+BaSO_4\downarrow$

小结：盐+碱→新盐+新碱；盐+盐→新盐+新盐

情境4：钡餐是一种造影剂，用于消化道检查的钡餐是药用硫酸钡（即硫酸钡的悬浊液），因为它不溶于水和脂质，所以不会被胃肠道黏膜吸收，因此对人基本无毒性。钡离子属于重金属离子，对人体危害很大。医药上若错把氯化钡等可溶性钡盐当作硫酸钡使用，我们可以怎么解毒？

学生：结合刚刚学过的盐的化学性质，我觉得可以用可溶性硫酸盐来解毒。引入硫酸根离子可使钡离子和硫酸根离子结合反应产生硫酸钡，从而解除危险。

设计意图：通过学生实验探究硫酸铜的化学性质，从硫酸铜的蓝色出发，通过颜色变化辨别物质反应的本质，有红色固体析出是与金属单质发生置换反应，蓝色沉淀和白色沉淀则分别是与碱、与盐发生复分解反应，并将所学知识运用于生活中的问题解决，让学生体验物质化学性质的模型建构与运用过程，感受化学服务人类生产生活的魅力，增强社会责任感的渗透，达到"润物细无声"的德育效果。

上篇 德育渗透

任务三：用盐——批判思辨润德育

问题5：为什么要在葱上洒硫酸铜？我们应该如何正确使用盐？结合上述材料，说说你的思考。

学生：硫酸铜做农药，能灭虫害，使农业增产，而且它有颜色，易于辨识，不会对人类造成重大伤害。

学生：硫酸铜常用于游泳池消毒或与石灰配制成波尔多液杀菌，因为铜离子是重金属盐，能使蛋白质变性，杀死细菌。

学生：硫酸铜经常被用于植物标本的护色工作中。所以，很多商家用蓝矾来处理大葱，这样可以保持大葱的新鲜度。

学生：铜是人体需要的金属元素，"过量摄入"也会有害健康。蔬菜上残留过量波尔多液对人体的消化系统、神经系统、肾脏系统会造成损害。

学生：我们完全没有理由恨化学，化学是人类文明发展的神助手。应该正确看待化学的两面性，以变化和平衡的观念致力于用更加环保、可持续的方式保留和生产对人类有益的各类化学产品。

师小结：化学很神奇，在国际竞争日趋激烈的当下，化学材料的发展尤为重要，是核心技术的"催化剂"。美好的化学作用就是在元素之间创造和谐关系，是化解冲突、探索和乐之道的秘密方程式。秉承科学发展、和谐关系的理念，我们相信化学定能让世界变得更美好。

作业："化学作文"的命题范围和写作内容，可以是关于化学知识的领悟与理解，也可以是关于化学学习的体验，对化学价值的认识与发展等等。

设计意图：以化学认知冲突为切入口，分析化学在社会发展中的两面性，明白化学材料的发展与国家的竞争相关联，以此为契机，为化学代言，让思维在头脑风暴中绽放理性光芒，在潜移默化中渗透学科价值，激发学生的价值感和使命感。最后布置开放性作业——化学作文，期待学生能将思辨精神从课堂延伸到课后，增强化学德育效果的时效性。

五、反思与心得

立德树人，其中很重要的一项内容就是培养有社会责任感的人。社会责任感不是与生俱来的，社会责任感基于国家认同感，国家认同感源于社会参与度，关注国事，追寻民生，从知识到问题，国家认同才能内化于心，社会责任方能外显于行。

在课堂教学中，教师不但要帮助学生进行微粒观、分类观的建构，培养学生的"宏观辨识与微观探析"能力，通过动手实验渗透变化观念与科学探究思想，更应该关注真实情境，深挖问题所承载的社会价值。

基于上述思考，空洞地讲知识会冲淡化学的"生活味"，所以教学中我们可以紧扣国家民生热点，在真实问题情境的创设中实现知识的功能化和素养化。围绕生活中常见的盐，从辨盐、识盐、探盐到用盐，用民生情境激活学生的情感，以任务驱动学生的思考，学生通过模型认知建构认识，形成分析和解决陌生问题的思路。

以真实问题情境为抓手，在问题驱动中质疑与思辨，汲取知识，提升素养，达到浸润式社会责任感的培养。由此，我们的立德树人课堂也就水到渠成了。

参考文献

［1］中华人民共和国教育部.普通高中化学课程标准（2017年版）［S］.北京：人民教育出版社，2018.

［2］解慕宗.基于模型认知和社会责任感培育的化学教学——以"金属矿物的开发利用"为例［J］.化学教学，21（3）：38-43.

［3］曾琦茹.浅谈社会责任感在高中化学教学中的渗透［J］.中学化学教学参考，2020（2）：10-11.

［4］林思俭.培育国家认同素养的教学——以浙江省化学优质课为例［J］.中学化学教学参考，2020（6）：14-16.

试卷讲评中的团队意识

深圳市龙岗区龙园意境小学　王　俊

试卷讲评课是考试这一教学环节中的重要组成部分，也是数学教学中的一种重要课型。它是教师进行教学工作查缺补漏的重要环节；是学生巩固知识、解决问题、开拓视野、优化思维、完善知识结构、迁移思维策略的重要途径。

具体目的是纠正错误、分析得失，巩固、提高学生对显性知识的掌握程度，同时也要做到温故而知新，培养学生的隐性知识能力，是提高教学质量和培养学生数学素养的重要环节之一。这就需要引导学生探究，变错为宝，深化对知识的理解。分析错例，在探寻错误根源中，进行针对性讲评，强化理解。学生问题有时是因为认识偏差，有时是因为思考障碍，有时则是因为不良的学习习惯，需要及时寻找问题症结，寻因之后再纠错，利用错误，实现师生共同成长。

但多数教师对数学试卷讲评课缺乏科学方法的指引，"讲、听、练"仍是当前数学试卷讲评课的主要教学模式，这使得数学试卷讲评课不能达到应有的教学效果。往往是教师在上面讲得"头头是道、口干舌燥"，学生在下面听得"枯燥无味、昏昏欲睡"。

2011年版课标明确提出增强学生"四能"，提高学生"四基"。"四能"是指"发现和提出问题的能力、分析和解决问题的能力"；史宁中教授提出的"四基"为基础知识、基本技能、基本思想、基本活动经验，强调要把"四基"与数学素养的培养进行整合，主张"练中学"，相信"熟能生巧"，追求对于基础知识的记忆和掌握、基本技能的操演和熟练，以使学生获得扎实的基础知识、熟练的基本技能和较高的学科能力为主要的教学目标。试卷讲评也是落实学生四基与四能的绝佳时机。是学生知识的再整理、再综合、再运用的过程；让学生反思知识与技能形成的过程，让学生用对比与联系的思维去梳理知识点；让学生透过讲评试卷课归纳感悟出所用到的数学思想方法；回顾活动经验，培养学生学习的元认知能力，最终达到提高学生数学素养的目的。所以试卷讲评课的形式和内容也需要不断升级，我做了以下几次升级尝试。

第一次升级：讲重难点

最早，采用的是师讲生听、师问生答的形式。老师一道一道地给学生讲，全班每一个学生都认真地听。这种师讲生听、师问生答形式的最大问题是：时间不够；学生容易出现听觉疲劳，效率很低。于是，将其升级为"选择错误率高的题讲"。这样一来，效率是提高了很多，但这也是一种有所舍弃后的讲解而已。

第二次升级：从分小组讲解到全班分享

"讲重难点"也存在一个很大的问题，即会了的学生不爱听，还得在教室里装作很认真的样子，或是一问他们就大声地把答案说了出来，需要思考的同学的思绪就会被他们打乱。所以，第二次升级为从分小组讲解到全班分享"，即把全班分成8个小组，让学生在小组内先讲解错误率高的题，然后学会的同学再到全班汇报讲解。

第三次升级：以"小组合作"的形式讲解

"从分小组讲解到全班分享"这一模式被采用了一两次后，又发现新的问题。那就是：上来讲解的学生讲得并不清楚，而且很花时间。要让学生找到要讲解的难题中的"关键词"；要让学生在审题时，想一想哪些是需要排除的干扰信息，哪些信息是隐含着已知条件的，信息与信息之间有些什么联系；还要教给学生一些话语系统表述。

引起大家注意的简短开头：

"我认为这道题关键……"

"我觉得本题得从……入手。"

上篇 德育渗透

"我们觉得本题得先找到……"

讲解完后引导同学质疑或补充的话语：

"同学们听懂了吗？还有问题要问吗？"

"同学们还有不同想法吗？"

"同学们还有补充吗？"

回应方式的语句：

"谢谢你，你的想法给了我启发。"

"谢谢你，我接受你的提议。"

这些话语系统成为学生准确表达的前提，也是学生完善表达的基础。存在的问题是：语言表达能力不强的学生，并不能把自己想说的内容说清楚，所以讲解起来还是很费时，而且他们思维的角度比较单一，总是在原地打转儿。

为了解决这个问题，我们又采取了"世界咖啡"的形式。所谓"世界咖啡"的模式，就是：第一步，先在小组内抛出一个问题，大家分头写策略，把自己想到的策略用2～4个关键字写出来（目的是在交流时节省时间）。第二步，在组内选一个记录员，让每一个成员轮流说出自己的策略，重复的就不再说。最后，本组再选一位汇报员，把全班当一个大组进行轮流汇报。时间是节省了不少，但仍然没有做到个性化的试卷讲评。

第四次升级：个性化的客串讲师

用"世界咖啡"的形式讲解时，因为成绩不好、错题较多的学生的思维是在排列组合的不同环节出现了问题，如果不给这部分学生充分的时间去暴露他们的思维困难，表面的高效也不是真正的高效。

再次修正为"个性化的客串讲师"，也就是让学生自己先订正，把能自己解决的问题自己先解决，不能解决的问题请教同学，但得先讲给对方听，以暴露自己的思维盲区。每一位同学都有机会去教别人，只要自己对某一道题有把握，有自己的绝招，就可以去教别人，被教会的同学要把小老师的名字简单记录在题旁边。讲解课结束前5分钟再由被教的同学来点评，并评选出最佳讲解者。

第五次升级：师生共探问题的本质，渗透数学思想

在讲解的内容上加以引导，有的题是需要让学生理解数的本质的。例如：对于"1米的百分之五十和1米的二分之一一样长"或是"5米的五分之一和五分之一米是一样长"，学生总是容易错，这就需要让学生回到思维的原点，先理解"半个"和"一半"的区别，前者表示的是一个的一半，是一个量；而后面的"一半"就不是表示一个"量"了，只是一个"比率"，这就需要在让知识点回到思维原点的同时，利用联系与对比的思维方式进行区分，让学生理解知识点的本质。

而有的题是需要给思维找到一个参照物来减轻学生的记忆负担的，因为数学的理解记忆也是需要借助形象记忆的。例如：在学习有关度量衡方面的单位换算时，一部分学生总是感觉很模糊，甚至有一些所谓成绩好的学生也对"公顷"等单位没有什么概念，这时除了让学生感受以外，我们还可以告诉学生，边长是100米的正方形的面积就是一公顷。长度单位、面积单位和体积单位都在我们的一根手指上，让学生把左手按在纸上，把自己的手指印下来，然后，从拇指开始，分别把千米、米、分米、厘米、毫米写下来，并把它们之间的进率写在手指中间，学生就会发现千米到米之间的距离最大，那是因为一千米等于1000米。以此类推面积公式和体积单位，同时也可以把重量单位等填在上面。这样学生就可以用一只左手将所学的一维到三维的单位给掌握了。

还有一些题在讲解时也可以和上课一样，用以点带线、以线带面的方式来巩固。例如：一道解方程的题，$35-4x=17$。学生在讲解时，可以采取思维联想法：由它你想到了些什么？可以是它的各部分名称；也可以把它想象成天平；还可以把它编成一道应用题来理解；也可以把它与别的方程进行一个分类。有学生就把它用字母表示为：$A-Bx=C$的形式，再用字母把它解答出来，同时也把方程的各种类型都用字母表示出来了。例如：$Ax+Bx=C$、$Ax+B=C$等。同时有学生又想到，这里的A、B、C分别可能是分数、小数、整数、百分数，而这些数中的小数、分数、百分数都可以归为一类数，因为它们是可以相互转化的。

第六次升级：做思维导图

在总结完后，让学生把各组讲解的结果做成一张思维导图。用数学的思维策略，用对比、联系的思维方式进行归类，整个过程就是由"个案"到"类案"再到"抽象的符号"最后到"应用"的一个教学过程。

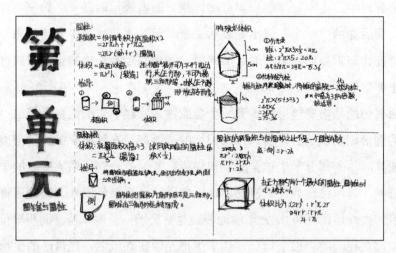

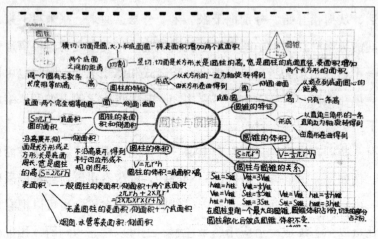

学生思维导图展示

第七次升级：用班级"快乐币"调动学生积极性

为了引导小组成员认真倾听、主动分享、大胆质疑、会合作、敢创新，第一种，让学生自由组合成六人小组，可能就会产生一个组全都是优秀学生，而另一组都是一些学习不太好的情况。没有关系，教师可以在小组合作时进行一个深入的指导，在加分上可以加倍地加分。第二种，每个组至少要有两个学生是勇于分享、有一定组织能力、学习也很好的学生；每个组也得至少有一个需要大家帮助的同学。通过课堂表现，学生们得到"学习币"，小组成员可以把"学习币"存入班级银行，可以去老师那里抽奖，可以买自己喜欢的书、学具或玩具等，也可以换取锻炼的机会等。这样一来小组成员的目标就更明确了，而且也更有动力了。

作为小学教师，我们在工作中要时时具有创新与批判性的思维，对自己的课堂，即使是试卷的讲评课也要有批判的精神，这样才能不断创新。有一句话说得好：微创新累加在一起是可以改变世界的。

上篇

德育渗透

小学语文教学小组合作学习论文

深圳市龙岗区南湾学校　王 琰

随着我国教育体制的不断改革和发展，课堂教学组织形式也在发生不断的变化，其中，小组合作学习形式得到了广泛的运用。它是一种以合作学习小组为基本形式，利用各因素之间的互动性，以团体成绩为评价标准，共同达成教学目标的教学组织形式。小组合作学习有利于营造一种集体的学习氛围，实现学生之间的优势互补，在合作中促进学生的共同进步和发展，以提高整体的教学效率。

一、小学语文教学中小组合作学习存在的问题分析

1. 小组合作学习分组不合理

在小学语文教学中，比较常见的小组合作学习形式都是按照前后或者是左右座位来进行自然分组的，尽管这样分组方便又快捷，却不能保证小组合作学习的效率。因为这样的分组很容易使小组成员呈现共性的特点，如各成员的语文水平差异不明显等，而科学研究表明，小组成员的学习水平差异越明显，其合作学习的效率就越高。所以，分组不合理不利于小学生学习语文时的优势互补，降低了小组合作学习的效率。

2. 小组合作学习中学生缺乏参与性

在小学语文教学的小组合作学习中，有很多小学生由于自身语文水平较差，或者因为缺乏合作意识，而不愿意参与到学习当中，即使被硬性地捆绑到小组当中进行合作学习，也不愿意主动发表自己的看法，使得小组合作学

习成了个别人唱独角戏的舞台，违背了合作的初衷。而且一般而言，语文成绩好的学生的参与机会往往更多，他们会自信地发表自己的见解和看法，而学习困难的学生则成为个别学生观点的被动接受者，收不到合作学习的整体效益。

3. 小组之间缺乏沟通与交流

通常情况下，在小学语文教学中开展小组合作学习，很多讨论仅仅局限在小组内部成员之间，各小组之间缺乏有效的沟通与交流，使得很多小组内部的疑问得不到及时反馈，各小组的意见不统一，甚至会产生矛盾和分歧，最终使得各组的讨论结果也处于相对孤立的状态，无法全面贯彻合作学习的内涵，不利于班级语文教学水平的全面有效开展。

4. 教师对小组的指导不到位

在小学语文教学中开展小组合作，经常会出现小组成员之间因为意见不统一而发生争执的现象，大家各执己见，无法达成一致的观点，不仅影响小组合作学习的效率，甚至会产生矛盾冲突，影响同学之间的和谐相处。而很多教师会将自己置身于学生的小组合作学习之外，没有及时关注小组的讨论状态，无法及时调控小组合作学习过程中的矛盾冲突，严重影响了小组合作学习的顺利开展。

5. 小组合作学习评价不全面

主要表现为教师没有正确处理好小组合作与学生个体发展之间的关系。小学语文教师在评价小组合作学习时往往以小组团体的成绩为评价标准，注重对小组整体合作效率的评价，这有利于提高学生的团体合作意识，但是忽略了对小组成员内部的个人评价，不利于学生的个性化发展，也会挫伤一些在小组合作中表现优秀的学生的积极性。

二、小学语文教学中小组合作学习的有效策略分析

1. 合理划分合作小组

小学语文教师在划分小组的时候，要尽量考虑同学之间的个性化差异，一方面可以实行自愿组合的形式，调动小组合作的积极性，提高小组合作的效率；另一方面，可以根据学生的语文水平、认知风格以及个性特征等进行

上篇 德育渗透

优化组合，促进小组成员之间的优势互补，并由小组成员共同推举组长，开展和谐有序的小组合作学习，以提高小组合作学习的效率。

2. 强化学生的合作意识

在小组合作学习中，对于某些自我意识较强，不愿意倾听他人意见和看法，甚至是轻视他人，个性比较突出的学生，教师要积极地加以引导，鼓励他们积极参与到小组合作中来，并教育他们要用欣赏的眼光看待其他同学。同时要引导学生互帮互助，营造一种和谐的小组学习氛围，调动班级学生整体参与的积极性，鼓励学生分享各自的观点和看法，并通过讨论交流，达成小组内部共识。

3. 加强小组之间的交流

加强小组之间的交流，是为了强化班级所有学生之间的交流与合作。教师可以先让各小组代表发言，汇报各组的讨论结果，进而让各组之间进行互评和补充，并就各小组内部的疑问进行组际之间的讨论交流。通过全面的讨论，锻炼学生的分析判断能力和逻辑推理能力，拓展学生的思维空间，深化学生对相关语文知识的理解和认知，提高语文的整体学习效率。

4. 充分发挥教师的指导作用

在语文教学小组合作学习中，教师的指导作用不容忽视。首先，教师需要协调好各小组之间的关系，营造一种和谐美好的小组合作氛围，指导学生运用正确的合作技巧，来实现小组内部的高效合作。其次，教师需要深入到小组合作中去，及时发现小组合作中存在的问题，及时调解小组矛盾，并对小组内部讨论的疑问进行适当点拨，引导学生深入探讨，并得出一致性的小组结论。

5. 全面评价小组合作学习

在小组合作学习结束后，进入最终的评价环节。在教师点评的同时，可以适当引进小组内部自评以及小组之间互评，以保证评价结果的公正性和综合性。另外，在评价小组合作学习的基础上，可以对个别学生的突出表现进行表扬，并鼓励那些不断进步的学生，尊重学生个体的差异化特征，在促进小组合作学习效率提高的同时，也促进学生的个性化发展。

三、结语

综上所述，将小组合作学习运用到小学语文教学中，对于促进学生之间的交流与合作，激发学生学习语文的积极性与主动性，提高语文学习的整体效率具有重要的影响意义。而作为小学语文教师，我们需要在教学实践过程中充分发挥自身的教化和引导作用，努力探索提高小组合作学习实效性的有效措施，以促进小学语文教学效率的提高。

上篇 德育渗透

理解的教育智慧

——用"共情"解决孩子青春期的心理冲突

深圳市龙岗区坂田实验学校　李　娜

一、案例呈现

高高的个子，黑黑的眼眸，嘴角微斜，淡漠中透露着几丝倔强——刚接八年级一个新班时，小高同学就给我留下了很深的第一印象。

"这个孩子就是喜欢跟他妈妈对着干！他妈妈说话他不听的。"认识小高同学没多久，我就收到了来自老师们的各种评价。"现在的孩子啊，真是没良心，一点感恩的心都没有。"听到这些话，我沉默了。难过和失望之余，我隐隐觉得学生的外在表现一定有着不为人知的内在原因。

果然，开学没多久，小高同学单词不背、作业不交、上课迟到，成了我办公室的常客。有一次，小高同学作业又没有交，他妈妈知道后，很无奈地告诉我："老师，您一定要狠罚，这个孩子现在真是太难管了。"

下班后，刚吃过晚饭，就接到他妈妈的电话。"李老师，小高同学回来后就跟我发疯了，他听说了我要您狠罚他！"家长激动中透露着一种束手无策之感。"可我没有告诉他啊。"说完后，我突然想起，说这番话时，还有别的家长在场，可能通过其他同学传到了小高同学的耳朵里。

这一晚，这件事一直在我心里徘徊，无法散去。

二、案例分析

初中阶段的学生正值"身心骤变"的关键时期，身体上的蓬勃发展让他们有了一定的成人感；可是由于缺乏生活经验和社会阅历，加上思维发展的不成熟，初二的学生容易思想偏激、做事冲动。所以，化解小高同学和他父母矛盾的关键是找到一个突破口，让他理解父母的良苦用心。

小高同学外在的叛逆表现源于一定的内在心理需求，他渴望自己的情感需求得到满足，只有深入他的内心世界去体验他的思维与情感，才能更深刻地理解小高叛逆外表下的内在实质，才能更有效地解决他青春期的心理矛盾与冲突。想到这里，我决定运用一定的谈话技巧去深挖学生内心的真实体验，从而找到真正的问题所在，再通过表达对他的理解和接纳，最终帮到他，"共情"是解决小高当前问题最直接、最有效的方式。

三、案例转化

在分析了问题之后，第二天下了早读课，我赶紧把小高同学叫到了一处比较安静的走廊。

"小高同学，你昨晚怎么了？"我开门见山地问。

他先是沉默了，然后幽幽地说："跟我妈妈发脾气了。"

"噢，为什么呢？"我看着他的眼睛。

他还是沉默着不说话，眼神微微飘忽，有意躲避着我的眼睛。看着他的表情，我知道他心里是有愧疚的，并不像传言中那么"冷血无情"。

"小高同学，是不是每次跟妈妈发脾气，你也会感觉很难受？"

他的头低得更深了，而我的眼睛一直在追随着他。

"你知道自己做得很不对吧？"

他略微点头，眼神和我轻轻接触了一下。

"小高同学，老师昨天知道后，非常难过，替妈妈难过，更替你难过。我知道你心里也是很受伤的，但你是故意为难妈妈的，对吗？"

想到之前了解到的他家里的情况，我见他不说话，只好继续试探。

"我知道你还有个弟弟，自从有了他，你觉得妈妈不够疼你了。可是其实妈妈是想让你长大了有一个伴儿，不让你孤单，渐渐你就会明白的。弟弟也是家人，这样刚好是多了一个人爱你呢！娜姐就很羡慕你，我是独生女，长大后真的特别羡慕有兄弟姐妹的人，因为无论遇到什么事他们都能一起商

上篇 德育渗透

量、共同面对。我要是有个你这样的弟弟，我想我会像关心你一样去关心他的……"

"不是，老师，我讨厌我妈！她不让我爸回来！"他的语气有些激动。

嗯？我先是蒙了一下，然后反应过来，原来他觉得爸爸常常不在家是因为妈妈。这可能就是问题的所在。小高同学跟爸爸关系很好，他爸爸由于工作最近几年都在外地，只能节假日回家，大部分时间是通过电话联系。我想，这其中一定有什么误会。

"孩子，你会不会是误会妈妈了？爸爸不回家肯定有很多原因的，主要是工作原因。我们的生活压力很大，为了让你和弟弟生活得更好，虽然不愿意和你们分开，但还是迫于无奈，爸爸只能独自在外打拼。他是个坚强而有责任感的男人，我很佩服你爸爸。"

看他专心地听着，我接着说："但娜姐更佩服的是你妈妈，我看过她年轻时的照片，那时的她是多么年轻、多么美丽啊。可是你发现没有，这几年她脸上的皱纹变多了，额角也出现了很多白发。为了家庭、为了你和弟弟，她不停地操劳，独自包揽了家里的大事小事。你爸爸之所以能够放心地在外打拼，都是因为有妈妈这个坚实的后盾啊。爸爸和妈妈都很爱你和弟弟，为了你们，他们付出再多也没有任何怨言。"

没等我说完，他的眸子里便泪光闪动。眼前这个小高同学终于卸下了"无情"的伪装，泪如雨下。

"好孩子，想哭就哭出来吧。"我轻轻拍打着他的肩膀。"娜姐知道，每一次让妈妈难过的时候，你也很受伤，因为世上没有比爸爸妈妈更亲的亲人了。虽然爸爸不能常回家，但你们还能见面，还可以经常视频联系。娜姐的爸爸几年前生病去世了，而我以前也做过错事，伤过他的心，现在想想我特别后悔，有些恩情无法回报了，有些伤害现在无法弥补了。但你不同，你还有改变自己的机会，如果与父母之间，你还有些事情无法释怀，我们就去把它搞清楚，别再用这种笨拙的方式伤害妈妈、伤害自己了，好吗？"

他的肩膀抖动着，哭得更厉害了，但用力地点着头，我的眼泪也不停地在眼睛里打转。这一刻，我知道我们的心在交流、情在共鸣。

那天和小高同学交谈后，我分别给他的爸爸和妈妈打了几个电话，提醒他们更多关注生活中可能被忽视的"小事"，提醒他的爸爸多给孩子打电话，关心他的近况，抽更多的时间陪伴孩子。同时，建议他把儿子当成一个大人来看待，跟他来一次男人之间的谈话，聊一下自己的事业和不能回深圳工作的原因，以便获得儿子的理解。同时，跟他的妈妈交流与孩子相处中的注意事项，比如如何进行兄弟间的情感沟通、如何平衡弟弟和哥哥之间的关系等，无论孩子还是成年人，都要学会去表达爱，除了孩子的衣食住行，还要多聊天，跟他说明家里的真实情况和父母的难处，并和孩子一起展望未来，让他对未来充满信心和希望。进入青春期，父母要更多地去关注孩子的情绪变化和心理需求。由于他的爸爸不在深圳，有一次，我还发起了视频会议，和他的爸爸妈妈讨论和谐的家庭氛围对于孩子成长的重要性，聊小高同学偏激中的爱与恨、倔强与坚强。

四、效果及反思

其实，从那天走廊上的交心开始，小高同学的行为就发生了不小的改变：单词背诵A，作业按时上交，上学再没迟到，成绩也有了显著提高。学校体育艺术节跳高比赛，凭借自己的一双大长腿，他一举赢得了冠军！

后来，小高同学在QQ上给我留言说："娜姐，我想要变得更好！我想读一所好的大学，成为一个优秀的人，将来我要赚更多钱，让我的爸爸妈妈能够随心所欲地生活！谢谢您，在我生命中出现过的班主任。"

我惊讶于他的成长！孩子，何必感谢我呢？应该是我感谢你才对。是你教我找到了走进孩子心灵的路，是你让我明白了积极的期待和深深的理解对孩子成长的重要性。在教育这条长路上，因为理解，所以宽容；因为理解，所以动人！

上篇 德育渗透

挖掘问题根源，转化心理问题学生

——用教育的智慧转化心理问题学生

深圳市龙岗区南湾学校　刘　琤

一、案例呈现

小雨给我的印象是活泼积极的，开学第一天，他热心地帮班级搬书，给同学们发课本。课间他主动成为班级电脑管理员。他上课回答问题很积极，也热心参与各项班级事务，于是，我让小雨当了小组长。

新学期第二周的某一天，小雨和小组内的一名同学发生了争吵。这件事的起因是这位同学没有背好英语科任老师布置的任务而被留了下来，小雨作为组长也一起被通知留下来监督组员背诵。快放学的时候，劳动委员又告知小雨他今天需要留下来值日，结果小雨情绪激动，站起来用手指着被留下来的那个组员破口大骂，认为是那个背不好书的同学导致他被留了下来。随后他突然面色苍白，不停咳嗽、呼吸困难，出现了过度呼吸的症状，很久才缓过来。周围的同学都吓坏了，被骂的同学甚至都委屈得哭了。

学生们跟我反馈，说小雨不是第一次情绪激动了，有时候在其他任课老师的课堂上也会突然因为小事莫名地骂起人来，很凶的样子。鉴于小雨的这些反常行为，我觉得应该对孩子的情况进行深入了解，于是我先向孩子的小学班主任及任课老师打听了他的情况。我了解到，这个孩子很聪明，私下里愿意主动跟老师交流、帮老师忙等。但是，在小学课堂上他经常有扰乱课堂纪律的行为，课堂纪律性较差，缺乏规则意识。小学四年级时，家长还因此被邀请到学校陪读过。同时这个孩子情绪容易激动，性格比较执拗，不能接受别人对他的批评，特别是他认为没有受到公平对待的时候。有一次，他被批评之后做出了试图自我伤害的过激行为。但是，从来没有发现他的身体有什么问题，他体育成绩较好，特别是爆发力较好。他曾经的同学觉得他性格古怪，和同学们关系不太好。同时，我又询问了现任老师们对小雨的了解，大家比较一致地认为孩子的情绪控制力差，课堂上的表现比较自我，但当提醒他的时候他会有所收敛，但很快又会控制不住自己的言行，有时候在课堂上会情绪激动地辱骂同学。此外，通过家访，我了解到小雨小学前主要是外婆在带，父母因忙于工作而对小雨关注较少，爸爸在小雨上小学三年级后才主要管理孩子的学习，爸爸对小雨的要求很高，也比较严厉。四年级时，妈妈生了个弟弟，小雨和弟弟的感情一般。

二、案例分析

分析这个案例中小雨的情况和他不良行为的动机，很明显能感受到他是在寻求关注。造成他这些心理问题的主要原因来自家庭。孩子在三岁前对父母的情感记忆是缺乏的，而0～3岁是孩子形成和建立安全感的重要时期，3～6岁是建立规则感的最佳时期，但是他的父母在这个时期忙于工作，对孩子的爱和关注是缺失的，对孩子规则意识的建立也不到位。所以，孩子在课堂上表现出了不遵守课堂纪律的行为，一方面是因为孩子缺乏关注，另一方面也是因为孩子本身缺乏规则意识的培养和指导。

同时，孩子很少受到来自妈妈对他心灵的关爱，对他的妈妈也非常不认可；特别是有了弟弟之后，他感受到曾经照顾他的外婆更关注弟弟了。每当兄弟俩有了争执的时候，外婆和妈妈也会以他是大哥为理由要求他让着弟弟。

爸爸在三年级时才开始管理孩子的学习，但是，在接到课堂不良行为的反馈后，对孩子采用的教育方式是简单粗暴的，比如说打骂，甚至使用否定孩子人格的一些侮辱性语言。这种方式并不能真正帮助孩子改正自己的行为问题。孩子曾经告诉我他最喜欢爸爸，因为爸爸从小学时开始管他的学习，从这里可以看出孩子其实极度渴望父母的爱和关注。但是爸爸这种错误的关注方式，让孩子的内心产生了扭曲。一方面孩子渴望爸爸的爱和关注；另一方面孩子害怕爸爸对自己进行打骂。所以当他得知自己做得不够好的情况

上篇 德育渗透

下，他就会采取一些过激的方式逃避问题或责任。这些方式可能是模仿别人的，比如自我伤害；也可能是自己尝试获得的，比如心因性的过度呼吸症。

鉴于这种情况，我觉得如果不对孩子的家庭教育进行帮助并对孩子进行心理指导，长期发展下去，孩子的情绪很可能会失控以至于产生严重的心理问题。比如，他可能会向内攻击自己，发展成比较严重的抑郁；他也有可能向外攻击，发展成具有攻击和暴力倾向的狂躁症等。

三、案例转化

在分析了问题之后，我决定从三方面来着手帮助小雨。第一，改变家长的认识和教育方式；第二，帮助小雨建立正确认知，学会控制自己的情绪；第三，联合科任老师和班级的同学帮助小雨强化正确行为。

1. 改变家长的教育方式

对于一个长年累积的家庭教育问题，想要立马让家长改变教育态度和方法是不可能的，首先必须让家长了解和认识到问题的严重性。我通过列举一些身边的例子，站在家长的立场上提醒他们一定要重视孩子的心理问题，同时建议家长带孩子去正规的专业医院对孩子进行一个全面的心理评估。同时，告知孩子的家长，在面对两个孩子的矛盾时，一定要学会平衡，要客观公平，而不能一味地让哥哥去忍耐弟弟的错误行为，这样会让孩子认为公正并不重要，只要装得弱小就可以逃避责任。

在这点上家长是比较配合的，通过专业的评估发现，孩子有轻度抑郁和多动的情况。在得知这点以后，我分别加强了对父母的指导。在爸爸教育孩子的方法上，我告诉孩子的爸爸，不能一味用打骂的方式来处理问题，而是要了解并理解孩子的行为动机，然后再指导孩子去处理和解决问题；在跟孩子妈妈的交流中，我更加强调要花较长的时间重新建立亲子关系，多给孩子爱和被尊重的感觉，同时也邀请妈妈参与到孩子的学习管理中来。我还向小雨的父母介绍了一些正面管教孩子的方法。

2. 帮助孩子建立正确认知

阿德勒认为，我们每个人的认知风格决定了我们对生活的态度，形成了我们的行为模式。要让孩子形成正确的行为模式，就要想办法改变孩子对事情的认知。先以尊重孩子的方式跟他聊天，和他拉近距离，然后试探性地向他询问他对自己在课堂上的一些不当行为的看法，以及出现这些行为的原因。通过他在回答问题过程中的微表情来判断他的想法和回答的真实性。一开始他还有一些回避和警惕，但一讲到他父母的时候，他就逐渐放松，滔滔不绝。当他逐渐接纳我们的谈话后，我便尝试帮他分析这些行为会带来的后果，以及我们怎么做才会对自己和他人更有利。通过这样的探讨，让孩子转变思考模式。

3. 寻求科任老师以及同学们的帮助

我和班级的各科老师交流了小雨的特殊情况，并和大家约定对于小雨课堂上的不当行为，我们可以先忽略，课后再找他聊天告知应该怎么做，跟他约定如果再有相同情况发生时，他能接受怎样的后果。同时，也和班级其他同学打好招呼，说明小雨行为的特殊性，呼吁同学们一起来帮助他。而帮助他的最好方法是，在课堂上大家都不回应他的不当言行，并让一个同桌同学在他行为比较过分时，善意地提醒他一下。

四、效果及反思

通过以上方法，小雨在学校里没有再出现一些比较夸张的行为，如过度呼吸等。在课堂上，大部分时候，如在数学等这些他喜欢的科目上他能管好自己，但是在美术等科目上他还会出现不能很好地管控自己的情况。在某些时候，他不能很好地管控自己的情绪，甚至会出口骂人。对于这些情况，我也采取了相应的措施。比如说当他情绪管控不好时，会教他采取转移自己注意力的方法来调节情绪。同时，我还请班级的体育小组经常邀请小雨参加班级组织的锻炼活动来分散他多余的精力。通过这些方法，小雨的情绪和课堂表现越来越好。

我想小雨在以后的学习中，可能还会出现各种各样的状况，但是无论怎样，作为老师，我一定会继续以真诚、和善和坚定的态度去教育他、感化他。我也看到了他的进步，并不断地鼓励他，每当他做得好的时候给他一个微笑，拍拍他的肩膀，他也会回以一个腼腆的笑容。我想学生只要有所进步，哪怕是一小步，也是教育的成功！

上篇 德育渗透

南风悠悠暖人心

深圳市龙岗区外国语学校　王　丹

一、案例呈现

那是去年执教八年级语文并兼任班主任时，班上有个调皮捣蛋的男孩儿——小轩，成绩不理想。因为是中途接班，前任班主任给我讲述了他的一系列"光荣事迹"。

小轩阳光帅气，可对学习始终没有动力，一腔热血无处释放，唯独对打篮球情有独钟，所以上课经常迟到，而且上课时总会讲些与课业无关的话，不能及时完成作业，甚至还有了一定的厌学情绪……

那是一个极为普通的下午，他和几个男孩子如往常一样大汗淋漓地跑进班级。"又迟到了。"我冷冷地说。在一次又一次强调过后，他们仍然不能把纪律放在心里，那一刻我握紧手中的课本，我真想发火！但我的理智告诉我，一旦产生直接的冲突，可能就再也挽回不了他们对我的信任了，青春期的孩子容易冲动，尤其是男孩子精力旺盛，打球也是他们消耗精力的一种方式啊，而且他们渴望被尊重，如果此时我让他们下不来台，可能后面就更难教育了。我深呼吸后仍努力用平静的语气说："先回座位上课吧。"一节课下来相安无事，我也庆幸自己没有因为这一分钟而耽误整节课，可是，并不能继续纵容他们这样下去啊。我该怎么办呢？

心理学中有一种效应叫作"南风效应"，与凛冽的北风相比，南风悠悠更能温暖人心。我把班上几个爱打篮球的孩子聚在一起，认可了他们打篮球的行为，并希望他们在学校篮球比赛中发光发热，同时也提出了我的担忧：

"如果迟到的事情得不到改善，老师一味纵容你们，那又如何能公平地来管理整个班级呢？"

篮球赛场上他们果然不负众望，同学们的肯定也给了他们信心。在后来的一年多时间里，小轩仍会出现接二连三的大小问题，但我看得到他在慢慢改变。一次语文小测他竟然是班上唯一的满分——我知道，他正以自己的方式散发着光芒。

二、案例分析

小轩是我们教育教学过程中经常会遇到的一类热血少年。他们的优点是重感情、讲义气。他们存在的问题是对学习没有强烈的目标感，甚至有些同学会有厌学的情绪，缺乏学习动力，而且对于"规矩"有自己的看法，并不会被班规、校规所束缚，有着典型的"胆汁质"性格——热情，直爽，精力旺盛，脾气急躁，心境变化剧烈，易动感情，具有外倾性。因此，在对这一类学生的教育过程中，尤其要处理好学生的"情绪"问题，让学生在易于接纳的心理环境下被疏导，我们的教育才能有所收效。

三、案例转化

1. 南风效应暖人心

"南风"效应也称"温暖"效应，源于法国作家拉·封丹写过的一则寓言：

"北风和南风比威力，看谁能把行人身上的大衣脱掉。北风首先来了一个冷风凛凛、寒冷刺骨，结果行人为了抵御北风的侵袭，便把大衣裹得紧紧的。南风则徐徐吹动，顿时风和日丽，行人觉得春暖上身，始而解开纽扣，继而脱掉大衣，南风获得了胜利。"

故事中的南风之所以能达到目的，就是因为它顺应了人的内在需要。这种因启发自我反省、满足自我需要而产生的心理反应，就是"南风效应"。

"老师相信你可以的！""练习篮球多么辛苦，你的意志力让老师佩服！""今天课堂表现有进步，我知道你是在思考问题！"在引导小轩的过程中，正是这样温暖的话语让他不断打开生命，不断悦纳自我，从而实现自我。马斯洛的需要层次理论告诉我们，人类第四层次的需求就是得到爱和尊

上篇 德育渗透

重，人人都希望得到他人的肯定与欣赏，得到社会积极与肯定的评价。无论是在什么样的情况下，我们都要努力发现孩子们身上的闪光点，尊重每个孩子的个体独特性，用爱的目光去发现爱，用爱的方式去引发爱。长期的关注与鼓励给了小轩不竭的动力，也让他渐渐放下了戒备之心，开始接纳来自家长和老师的建议。

2. 尊重平等建桥梁

八年级的小轩正处于成长的关键期，这一时期的孩子心理特点尤为突出，表现为：渴望独立，不愿被束缚，很多孩子表面上不在乎，实际上从众心理很重，既想标新立异，又不希望脱离集体，是一个特别矛盾的心理时期。因此，我们要尊重孩子成长的心理特点，用尊重与平等的态度搭建沟通的桥梁。

当小轩"大问题小问题接二连三"时，他需要的不是我们的阻止和斥责，这些更会激发他心中的逆反情绪。他需要的是我们俯下身子和他一同寻找解决困难的方法。迟到怎么办？"我们给手表定个闹钟好不好？""老师知道你也不想迟到，我们让家长早上提醒我们行不行？"班级也可以开展"我是时间管理大师"主题班会，让学生一同探讨克服迟到的方法。在这个过程中学生总能感受到老师的真诚，如此一来，迟到问题自然就解决了。上课总是爱讲话怎么办？"老师知道你有时候是在探讨问题，可是怎样才能让大家不误会你呢？""你也说了控制不住自己讲话，那能不能通过调换座位或者给自己写个提示语来解决呢？你有什么好办法吗？"当我们把解决问题的话语权交给学生时，他就总能找到一条适合自己的路。

3. 巧借力量助成长

我们常讲"家校合力"，在教育学生的过程中必然要有家校的充分合作。在对小轩家庭情况调查后，我了解到他的父母常年忙于生意，缺乏对孩子的行为教育和习惯教育，对家长进行引导使之能重视起学生的教育问题，也对孩子后来的变化起到了非常大的作用。

对青春期的孩子来说，最具影响力的力量当属"朋辈力量"，"同伴"是这一时期孩子的"重要他人"。因此，号召班级同学给予关注，鼓励小轩所在的"篮球"小团体一起努力，让小轩的好朋友适时引导他，都有助于小轩心态的回归。

当然，只有班主任的重视仍然不够，在小轩稍显突出的数学科目上能否找到增强他学习自信心的突破口呢？联系各科老师实现学科联动，携手助力小轩的成长。

四、效果与反思

今年教师节我已经不教这个班级了，但我欣喜地收到了小轩发来的一条长长的信息。他说：

王老师，感谢你在我初二时成为我的班主任，我初一的时候就十分调皮，成绩也是中等，可能初二换老师了，我对新班主任有了极大的期待。我还记得，你在我调皮的时候没有批评我，而是告诫我。你也发现了我的闪光点，并表扬了我，这可能是我初一以来第一次被老师发现优点而表扬，我的迷茫也从那一次消失了。我其实没啥爱好，就是打篮球，我还记得那次学校大扫除，我们几个男生打扫完卫生以后，偷偷溜出去打篮球，我们几个打得不亦乐乎时，你却突然出现在我们眼前，我们惊慌失措，慌忙地躲了起来，并低下头，你却没有丝毫批评我们的意思，而是说："以后不要乱跑，注意安全。"我听到这里，其实内心一震，我从来没有想过，您会这么理解我们，知道我们的爱好。我们那帮男生也从那时开始，对您充满了尊敬。写到这里，泪水已经流了下来，不知道为什么，可能这就是师生情吧。感谢您！丹妈！

作为老师，我们在教育教学中更应该充满智慧。2014年习近平总书记考察北京师范大学时发表的重要讲话中就提道："好老师还应该是智慧型的老师，具备学习、处世、生活、育人的智慧，能够在各个方面给学生以帮助和指导。"在我们的教学中，当孩子学习不好、纪律涣散的时候，我们除了横眉冷对，还可以更多地思考自己的言行与方法。

"南风悠悠暖人心"，或许是我的诚意慢慢温暖了他。作为老师，我们并没有多么神圣，但是看到孩子身上的点滴变化，看到他们在我们的影响下变得积极、努力、乐观、向上，那一刻真的很欣慰。

做一个智慧型的教师，让我们自己充满幸福感。

成长路上让爱先行

——静待花开

深圳市龙岗区龙园意境小学　何林丽

一、案例呈现

刚接手五年级（1）班时，从这个班级的前任语文老师那里了解到，班上有两三个同学比较调皮，尤其是吕同学，上课极其不认真，喜欢闹矛盾。这个孩子喜欢在课堂上故意说笑话，待全班同学哄堂大笑后他便觉得特别开心，而且觉得这样做在同学们心目中的地位特别高。刚开始觉得他可能想要得到关注，但多次观察后我发现他这样的现象已经成为常态，后来我们通过多次电话回访和几次家访，知道他们家现在是组合家庭，而且是刚组合不久的家庭，我觉得他现在的行为背后一定有原因。

吕同学是一位特别爱面子的人，他在上课的时候总是喜欢讲些笑话，老师教育后效果也不佳，其他任课老师也经常给班主任反馈，说他上课总是讲话，还喜欢打扰身边的同学，经常说一些与课业无关的笑话，引起全班同学的哄笑，他觉得这样做特别满足和开心。作为刚接任这个班级语文老师的我，经常为此感到头疼，并努力想办法解决这个令人头疼的问题。

二、案例分析

后来我们主动约家长来学校进行沟通，了解背后的原因，也从他以前的班主任那里了解到：他在幼儿园和一二年级的时候是班上的班长，经常得到老师的表扬；三四年级的时候他就不想学习、不想上进了，于是成绩下滑了，同学们也就不那么崇拜他了，他就受到了更大的打击。

这位同学会出现这样的状态，一定是有原因的，所以我们就努力去找原因。我们老师在遇到这些调皮的学生时，首先要调节好自己的情绪，然后才能感染学生，帮助更多的学生。我们要善于倾听、善于观察、耐心等待。

依据心理学知识进行分析后，我发现是因为这个孩子以前的成就感让他想要继续得到满足、继续得到关注，但是他现在成绩已经下滑，从学习方面已经找不到成就感了，那就从另外一个方面来"索取"了。他选择了非常容易做到的，那就是表现差，如故意做一些违规的事情来引起老师和全班同学的关注。那么他在家里为什么又表现得很好呢？因为他是双重性格，他在母亲面前想表现得像以前那么好，所以在家的表现还是可以的。两种状态交替进行，这也是一种发展趋势，是他的心理没有得到及时辅导而自己选择的一种比较极端的方法，从而能让自己舒服。家长没有重视家庭变故后给孩子带来的心理上的变化，总觉得孩子还小，只要满足他的吃穿用度就可以了。其实孩子在家庭变故方面是非常敏感的，大多数单亲或者重新组合的家庭的孩子都需要心理上的帮助与关怀。家长们忽略了这一点，也没有及时把家里的情况告知老师，没有想到后果会这么令人"惊讶"。

下面我们对孩子的发展变化进行一下分析。

一二年级时候，他非常优秀。家庭健全，也许父母表面还是关系比较好的，有可能还没有想着彻底离婚。那个时候的吕同学是班上的班长、管理员，各个老师都夸赞他是同学们的好榜样。他很聪明，语言表达也丰富，班上没有谁能够说得过他。他在班级威望挺高，也非常有成就感。

三年级开始，他的心理逐渐发生了变化。他的家庭关系发生了比较大的变化，父母亲可能经常会有些争吵，孩子在这种环境里比较难受，开始没心思学习了，喜欢发呆，喜欢下课疯狂地玩闹。三年级下学期开始出现不完成作业的情况，而且他会找各种理由搪塞过去。

四年级时，他变化较大。新父亲进入他的家，他知道这是无法避免的事实，而且他也不想让妈妈生气，所以他从来不在家里发火。父母吵架他就乖乖躲在一边，而且他特别不想让他的母亲生气，母亲说什么都认真听，但事情过后又忘记了。我们可以判断他想让妈妈开心，但内心又不愿意接受这个

上篇 德育渗透

事实。

五年级时，他彻底变成表现不好的学生。他逃避，不愿意接受这样的事情，所以他找其他的方法来替代成就感，且越来越无法自拔，因为他在另一方面找到了和以前做好学生一样的快乐感觉，那是一种成功的感觉。他在学校不好的表现已经练就了很结实的铠甲，批评对于他来说已经无用，甚至他觉得没有关系，心理上的承受能力已经非常强了。只是他不太愿意让我们告诉他的家长，他在家长面前永远都想表现得非常优秀。

三、案例转化

接下来我接近他、走近他，我知道这条路非常漫长，但我更知道现在要做的必须是感化他。我告诉他：无论他上课捣蛋多少次，老师都会提醒他、警告他，还会原谅他，哪怕他犯错一百次，我都会原谅，我会等他在一百零一次时改变。

还记得有一次谈话时，我说："当上课的时候我的眼睛看向你时，说明你需要改正你的行为，我会用我的眼睛提醒你。"后来，我让他做带读员、路队队长，同学们基本上都会听他的。有一次他表现得特别好，我竟然说出了"吕同学，我很爱今天的你"这样的话。我知道，他会反复犯错，在做管理员时会经常做不好，忘记自己的职责。但，我总希望他下一次会变得好一些。是的，他还是会继续犯错。我有时候也特别困惑，心情很不好，偶尔会严厉地批评他，有时候我真的没有足够的耐心去面对他了，我警告他，这两天我不想跟他说话。当出现这样情况的时候，我发现他会主动接近我，看来他还是很在意老师的评价的。

有时我课前先提醒了吕同学，他上课就会非常认真，看得出来他很想让我继续去关怀他。有一次我外出培训一周，他给我打了好几次电话，还发QQ给我。我故意说："你总气我，我在外多待一些时间才回去。"他说："不要了，你快点回来。我们受不了啦，我们要上语文课。"顿时，我的心里暖暖的。

还有一次，我和他在一间教室里长谈，情绪激动时，我哭了起来。我说你为什么就管理不好自己呢。我知道我当时有点失控，我们整个谈话过程中我都是一种期盼的情绪，回顾他以前的优秀，了解他现在在家到底是否开心，告诉他有了弟弟后，他的幸福感应该是更强的，因为现在的父亲更加懂得如何去关心他。他刚开始有点木讷，后来是惊讶，再后来变成犹豫，最后又成了木讷。我知道明天的他还是会继续捣乱，继续寻找自己的成就感，因为他无法马上改变几年来存留下来的毛病。

现在考了心理学B证的我，知道我不需要太纠结自己没有完全改变他，应该保持一种能够给予每个孩子的帮助之心，给他们点亮一盏心灯，然后要做的就是耐心等待，静心陪伴，心态平和，静待花开。我们能做的是每天都带着饱满的热情去与他们相处，不要在短时期去追求效果，那样会让人感到习得性无助；我们每天都要信心满满地带着爱的种子，满怀爱心，将希望种在学生的心田。

四、效果及反思

这个学生在后来的学习生活中犯错后，能够及时认错。但他说当时好像无法克制自己，而且是不小心就说一些无聊的语言，好像已经习惯了，说了之后也会后悔。我知道他并不会因为我的教育方法而完全改变自己，我只是期待他有些许改变，或者有一些内心的触动。

现在回想起来，觉得当初对待他的有些方法过激了，有些方法还是管用的。我觉得我可以跳出自我，找到更好的方法，不把自己带入到不良的情绪中去处理问题，应该跳出当时的我进行分析与思考，然后理智地找对策。

现在我担任新班级（四年级）的班主任，班上也有几个调皮的学生。我知道他们的行为背后也一定是有原因的，所以一开学我就去家访，从多个维度了解每一个学生。这让我能明白孩子为什么会有现在的行为，从而能够更好地找对策，也让我有了更多的包容心、同理心，让我有一个过程去等待学生的进步，等待学生的改变，不至于让调皮的学生把自己折磨得焦头烂额，反而可以用一种非常平和的心态去对待每一个学生。

教育故事每天都在上演，我需要做的是：不断告诫自己，每一个学生行为背后都是有原因的。要运用学过的理论联系生活实际，多思考、多想办法。永远做学生的太阳，照亮每个学生的心田，静待花开。

南风吹过，你是那最美的花

华南师范附属平湖学校　敖 峰

一、案例呈现

刚刚接手三六班的时候，雨心阳光活泼，上课坐姿端正，举手发言特别积极，俨然一副学霸加班长的样子。

下课的时候，你最喜欢来到我这里聊天，你对老师的衣服、手机、本子、笔都充满了喜爱之情，老师知道，你非常喜欢我。也许因为我是你的老师，也许是因为人群中的那一眼，也许……就是因为喜欢，所以你在语文课上的表现永远都是热情饱满的，家庭作业也都是认真对待的，就在这样一片大好的形势下，我们迎来了第一次的期中测试，你的分数令我很惊讶。当你拿到这张试卷的时候，我关注到了你不敢相信的神情，想哭又忍着，在之后几天的语文课堂上，你的眼神都是躲躲闪闪的，见到老师也不像从前一样远远地就喊我，还有些许的不好意思。之后，又经历了一次小型的练习，你的成绩也不理想，百灵鸟一样的你，基本上就消沉了。

二、案例分析

通过案例的描述，了解到雨心是一个热情、活泼、开朗的学生，她很喜欢语文这一学科，她的表现也是想得到老师的重视，所以很期待得到老师的肯定与认可，因此在之前的表现都很积极。但是几次的练习和测试都没有达到她的预期，由此产生了强烈的反差。她可能对语文这一科目失去兴趣，陷入到心理学所谓的习得性无助的状况。习得性无助的形成是经过频繁体验失败—产生消极认识—产生无助感的过程，而在动机、认知和情绪上产生的损害。

目前雨心有可能已经产生了无助感，我应该立即对她进行干预，防止最后在她的动机和认知上有损害。

三、案例转化

在分析了雨心的情况后，我通过以下几点帮助她。

1. 向雨心伸出爱心手

"雨心，带着这两次的试卷来找一下我哦。"

"来，雨心，让老师看一下你的试卷，都是哪些知识扣了分。原来，你的阅读理解部分扣的分最多，来，我们看一下这句话怎么理解……"雨心也在认真地记着笔记。"你的基础知识部分非常扎实，做得非常棒，平时一定很努力，阅读按照老师教你的方法，再尝试一下。"她认真地记着笔记，开心地回答着我："好的，老师。"

2. 家校沟通，合作愉快

在电话中，把雨心的情况和她的妈妈做了沟通，雨心的妈妈表示会按照我的方法来做。

家庭是孩子最重要的教育环境，父母也是孩子坚强的后盾，要想让孩子取得真正的进步，和父母的沟通是必不可少的。

3. 班会引领，全班教育

挫折，不仅仅是雨心一个学生会遇到的，也是其他学生都会遇到的，因此可以利用班会进行个体与集体的综合教育。在班会中，我设置了一个填空题"遇到困难时，我是_____的人"，让学生们想怎么回答就怎样填写。

收到学生们的回复，我特意看了雨心的内容，写的是"遇到困难，我是会坚持的人"。看到这样的答案，我很欣慰，看来之前对她做的功课，和父母的沟通，都起到了效果。

利用班会课给学生们讲了舞蹈家杨丽萍，以及千手观音节目失聪领舞邰丽华和钢琴家郎朗等名人在成功前遇到困难如何克服的故事，听了故事之后，让学生们谈一下自己的感想，他们都表示不可思议，也惊讶于艺术家们

上篇 德育渗透

经历了这么多磨难最终挺过来了。我让雨心来回答，借此让她明白，不经历风雨是不能见到彩虹的，此外还要有一颗坚强的心。

4. 快乐活动，游戏学习

我非常喜欢带着学生们做活动，我认为，学生不仅要读圣贤书，还要会玩，在游戏中可以体验到很多道理，如此才能达到学习与生活的合一。我组织学生们玩多人跳大绳的游戏，他们从一开始的不会，到中间的熟练，再到最后的轻车熟路，努力尝试。我趁机教育学生，要想学会一个本领，反复的练习是必不可少的。所以，持之以恒才是我们的美好品德，这不仅教育了雨心一个人，也让更多的学生都培养了这样的精神品质。

5. 跟踪反馈，及时肯定

在阅读方面，雨心稍有进步时，我都会给她一张"进步奖"的小奖状，集齐15张奖状，就可以获得一支笔或者一块橡皮。雨心很开心，变得信心满满。

6. 自我反思，关注阅读

阅读的问题，不仅是学生的问题，作为老师的我也应该去关注我的课堂，去研究自己的课堂是否有效，毕竟还有很多的学生需要在阅读方面得到提升。因此，我给学生们推荐了阅读书籍，还开展了"班级好书分享会""阅读分享会""读书小报""分享美文"等活动，让他们找到阅读的方法与乐趣。我更会关注雨心的相关作业，多给她鼓励性的评语。

四、效果及反思

雨心的期末考试语文成绩98分，这就是最大的效果。对于雨心的疏导和鼓励，是有成效的。首先，老师要敏锐地发现学生的变化，只有这样，才能及时给他们好的建议和方向；其次，老师的教育要从多个角度入手，学生个人、家长，以及全体教师等，合力帮助，才能达到更好的教育效果；最后，老师育人不能仅仅是育分数，更要育德，通过多种活动让学生们意识到分数的背后是精神品质。这样，我们才能真地做到快乐学习、快乐生活。

期末考试后，我收到了雨心妈妈的信息："尊敬的老师，感谢您一次又一次鼓励我的女儿，您就像春风一样温暖着她，给她力量，给她支持。她经常回来说起她的语文老师，孩子特别崇拜您，感谢孩子遇到了您，感谢您给了孩子成长的机会！她以前非常不喜欢语文，现在语文是她最爱的科目，感谢您！"

原来，这就是温暖的南风力量，温柔、轻盈，同时，我也感受到了南风，它也轻轻地吹到了我的身上，我感动着、开心着！

历史课上的德育是得天独厚的，
更是责无旁贷的

深圳市龙岗区龙城高级中学（教育集团）宝龙外国语学校　张　瑞

一、案例呈现

案例一：

执教《从九一八事变到西安事变》这节课时，我以视频导入，让学生了解战争的经过。当学生知道不到3万的日军将二十几万的正规东北军赶出东北，控制着将近三千万东北民众这样的事实时，学生的内心既迷惑又非常激动。有的学生就提出了问题，东北军为什么不抵抗，东北的民众为什么不抵抗，等等。我没有回答，但播放了一组图片和文字材料，让学生们看看东北人民在日本的殖民统治下过着怎样的亡国奴生活。短短几分钟的视频，让学生们更加激动起来，也更加迷惑起来。学生们带着激动和迷惑的心情上这节课，必然非常认真。教学内容讲完后我再问学生：九一八事变后东三省沦陷和东北人民的亡国奴生活，对你们有什么启示？有一个学生说，没有启示，就是想做一个假设，虽然历史没有假设的可能，如果生活在东三省的三千万同胞知道了日后的生活是那个样子，他们是不是就不会轻易地投降做一个亡国奴了？另一个学生说，东三省的沦陷和东北人民的亡国奴生活给他的启示就是不要投降，五千年的中国历史告诉我们没有一个时代对于亡国奴来说是好时代。最后我总结同学们的发言，大多数同学都能认识到，面对侵略没有一个人可以有尊严地活着，不管军队还是人民面对侵略时都应该站出来反抗，当所有人都能站出来反抗时，再强大的敌人也会畏惧我们。抗日战争的胜利就是一个伟大的例证。

案例二：

正值建党100周年，在执教《中国共产党诞生》这节课的时候，用《没有共产党就没有新中国》这首歌作为导入并要求学生跟唱，我观察学生们的表情，几乎没有学生开口，他们都流露出了难以置信的表情，这充分说明学生内心还不是很接受这样的结论。这堂课我梳理了从1840年以来中国内部腐朽的封建社会严重阻碍社会发展，剥削严重、民不聊生，外部西方资本主义社会快速发展对中国的侵略越来越严重等脉络。面对这样的情况，中国各个阶级开始救国道路的探索。我就此提出问题：各式各样的方法都试过了，但是都没有改变中国的面貌，中国的出路究竟在哪里？然后梳理了中国共产党诞生后的重大历史事件，短短的28年它就让中国的面貌焕然一新。一前一后的对比，学生对于"没有共产党就没有新中国"这一结论的理解就水到渠成了。最后以《没有共产党就没有新中国》这首歌作为结束，当高亢流畅的旋律再次响起时，学生们都大声或小声地跟唱起来，内心的情感更加充沛，眼神也更加坚定了。

二、案例分析

著名的心理学家西尔维斯特曾说，情感对教育过程非常重要，因为情感驱动着注意力，而注意力又驱动着学习的记忆。所以如果我们在导入部分能增加情感的深度，引起学生情感上的震动，对于集中学生的课堂专注力是十分有用的。案例一这堂课我就是在导入部分通过视频激发了学生的情感，学生带着情感学习这节内容，专注度就会非常高。在专注下习得历史知识，在历史知识中塑造情感。

习总书记在党的十八大提出"立德树人"是教育的根本任务，德育是我们教育的第一目的。历史课堂上有大量的德育素材，英勇献身的黄继光、持节不变的苏武等等。我们通过这些形象、具体、生动的人物或事件去感染人、熏陶人，在潜移默化中使学生的爱国主义情感得到滋润和升华。这是历史课堂所具备的得天独厚的优势。

案例二是一个非常难讲的课，如果简单处理那就只是一些相关事件的背景内容和影响，老师按部就班地讲，学生囫囵吞枣地听，一个绝佳的爱国主义教育机会就会丧失。于是我大胆取舍，对课堂进行重新架构。本课就是要让学生理解中国共产党成立的意义，自从有了中国共产党，中国革命面貌便焕然一新。理解，其实是很难的，没有充足的逻辑支持，所谓的理解就会变成无奈的被迫接受。我通过1840—1912和1921—1949这两个时间段的对比，很直观地体现出自从有了中国共产党，中国革命面貌便焕然一新这样的结论。在史料和逻辑的支持下，学生们便从内在理解了自从有了中国共产党，中国革命面貌便焕然一新的真实意涵。这也是在课堂的最后，学生能把歌唱出来的原因。

三、效果及反思

德育过程中最忌讳直白的说教，直白的说教如同无根之木、无源之水，难以持久。学生可能畏于权威或者其他原因表面接受，但内心却很难接受。所以，我认为课堂上的德育应该遵循两个原则。

1. 随风潜入夜，润物细无声

在教育教学过程中，德育应该是一个伴随过程，我们不直接说中国共产党很伟大，而是通过历史的前后对比，直观地得出这样的结论。历史知识只是载体，但这个载体的内核是情感价值观，是家国情怀。这就要求我们对教材进行深入挖掘，对学生进行深入了解。只有对教学的内容和受教的对象有深层次的理解，才能真正地做到"随风潜入夜，润物细无声"。

2. 爱，要大声说出来

网上曾流传这样一个问题：你有多久没有对父母说"我爱你"了？这对内敛的中国人来说还真是一个需要深思的问题。在儒家思想的熏陶下，孝顺一直都是我们评价道德水平的主要标准，但是我们更注重在行动上的孝顺，不擅于言语上的表达。在这样的大环境下，我们的学校教育更是如此，每个学科的教学过程都比较注重学科内容的教学，而对于可能涉及的情感部分都是一带而过的。甚至已经水到渠成了，只需要轻微点拨就能达到非常好的德育效果，但就是羞于开口，从而错失良机。或者需要这些语言的时候也顾左右而言他，让人非常难受。为何不敞开直言，爱就要大声说出来——直白的情感表达是必须的。

明朝末年儒家、思想家、教育家颜云说过："国尚礼者国昌，家尚礼者家大，身尚礼者身修，心尚礼者心泰。"这充分说明了对学生进行品德教育是十分必要的。从正面理解这句话的积极意义，越发证明礼仪道德对国家的昌盛、家庭的兴旺、个人修养的提高和心境的安泰所具有的重要作用。

走进生活去了解学生

深圳市龙岗区龙园意境小学　何林丽

一、案例呈现

记得刚接手四（1）班那天是8月25日，当把学生的名单拿在手里时，我就在想：我要通过怎样的方式去了解学生呢？于是，我让每一个同学发一份电子稿介绍自己。当收到所有同学的电子版自我介绍时，看着他们的自我介绍，能想象出他们是乐观、自信、积极、向上的，当然也有性格内向的，还有性格非常独特的。班上有个学生叫小徐，在他自我介绍的最后还加了一个愿望，那就是他想当"小组长"，希望老师能帮他实现这个目标。等到开学后我一定要认真观察他，一定帮他实现这个愿望。

开学前两周，我发现他上课不举手就回答问题，经常性地打断我上课的思路，如果不让他回答问题他的情绪就会特别激动。每当他打断我的思路时，我示意让他停止问问题，他就无可奈何地直摇头，其他同学也及时地劝告他别再讲了，让老师先讲完。小徐同学上课时喜欢打断老师思路，并会纠缠着老师马上回答他的问题。在课间他喜欢做女孩子的动作，同学们会嘲笑他，所以他经常向我告状。有一次，我想找他聊上课的事情，他回避了这个问题，只顾着向我告状，说同学们很多地方都不好，让我立刻去批评他们。可偏偏同学们很不喜欢他老是告状。他的这种表现让我挺苦恼的。第三周，我约好了去他家家访。我跟小徐的父母反馈他在学校的优点和不足，谈到小徐和同学的关系时，家长表现得稀松平常，还为孩子找原因，说是因为他喜欢做女孩子的动作，所以同学们不喜欢他；他妈妈说做做女孩子动作也没有关系。谈到他喜欢纠结某一个问题时，家长说在家也一个样，很烦的。其实，家长并未意识到小徐同学在学校的这些行为已经给他带来了很大的困惑。

二、案例分析

小徐同学为什么喜欢纠着一个问题不放呢？不管是上课还是课间，他都需要老师或者家长第一时间给他解决问题，如果不解决就会一直纠缠下去。他的这种行为引起了我的高度重视。小徐同学这样处理问题应该和他一贯的行为模式以及获得的关注有关。可他是男孩子，却很喜欢和女孩一起，做女孩的舞蹈动作，说话也是女孩子腔调。男同学们都爱取笑他，可他反而觉得得到了大家的关注。家访时家长说他从小就这样，也没有太在意，慢慢就习惯了。我想这跟他的成长经历也是有很大关系的。孩子小时候的某种行为如果得到家长的关注和重视，那么他就会以这种方式不断地从家长那里得到肯定和认可，到学校后就会试图以此从学生和老师那里去得到认可。

三、案例转化

通过各方面的了解和分析，我觉得要尽自己的一份力去帮助小徐同学。

1. 让家长有意识地去影响孩子

当孩子在家说话是女孩子的腔调、故意做女孩子动作时，我请家长不要去强化他，而是要多采取一些具体的行动去影响他。比如，和孩子一起多看一些有力量感、有男孩子气概的优秀影视作品，让他慢慢得到熏陶。买一些简易的力量训练器械，让父亲示范给孩子看，慢慢引领他去做，让孩子爱上这些有力量感的运动。多请一些男孩子和他一起快乐玩耍，看看别的男孩子喜欢什么、爱玩什么。

孩子在纠结某一个问题的时候，给孩子约定一个时间，十分钟或者二十分钟后父母再来帮他解决，并要平静地对待他的纠结行为。

2. 帮助学生建立规则

选择一个非常有安全感和安静的环境，和学生建立一个规则，一步步来，先实现小目标，再实现大目标。比如，课堂上他纠结一个问题时我们应该怎么做。我决定走近他、了解他。课间，我问他在家里喜欢干些什么，他说他喜欢养兔子，这表明他肯定有爱心。恰好有次在小区里遇到他，他带着小兔子和同学们在一起玩，我牵着我的女儿，我女儿迷上了他的兔子。他说，给妹妹玩吧，我下午去你那儿取回来就可以了。我说不用了，但他很坚决，一溜烟地跑了。下午，他居然守约定来取兔子。来到我家后，他特别大方，自然地说："老师，我喜欢唱歌，我给你唱一首英文歌曲吧。"他唱得真好听啊，我被感动了。后来他继续说："老师，我学唱歌学了2年，你如果有时间可以来听我上声乐课啊。"我答应了他。我决定一定要去看看他上声乐课。第二天下午，他如约来接我去看他上课。他上声乐课时很认真，下课后他教我唱歌的技巧。他上声乐课时我拍了视频，回到班级后放给同学们看，同学们也非常羡慕，慢慢开始欣赏他了。后来的无数个课间，我都会问他现在在唱什么歌曲啊，学得开心吗，并多次赞美他。我在赞美他的同时也会提醒他做得不好的地方，他也很乐意地接受了。

四、效果及反思

现在他是班上的迟到管理员，每天都认真负责地做好登记，并及时向我汇报。现在他上课时如果想随意说话，我就会给他暗示，他就知道要克制自己。现在他不怎么打断老师的思路了，我的心里暖暖的。通过对他详细的了解，我发现他还是很乐意听老师话的。在这个基础上再用规则约束他，我们发现他遵守规则的次数也变多了。同学们也似乎都看到了他的优点，接纳了他的独特性。

教育的路上，我们一边走一边观察，一次次思考又一次次地想办法。要想让学生信任老师，我们就得从生活中的多个角度去了解学生，并要多渠道地帮助他们。

高质量的陪伴

深圳市龙岗区龙园意境小学　王　俊

一、案例呈现

场景一：

新老师进班上的第一节课。上班铃响后，小A人还没有到教室，但他和别的班同学打闹的嘻哈声和跑步声已传到班级同学们的耳朵里。同学们不由自主地笑了。几个同学就开始争着给新老师介绍："老师，是小A，他是没有妈妈的孩子，爸爸也不要他了，他是很不听话的孩子……"见小A就要进入教室了，老师做了一个手势阻止同学们说下去，以免小A进来听到后尴尬。老师加了一句："闲谈莫论他人非是一种修养。"小A进来时，拖了很长的声音喊"报告"，还故意将身体向左边倾斜呈站不稳的姿势，似乎在等着老师的"请进"来迎接他，不然就立马倒地。全班同学被他滑稽的动作逗得哄堂大笑。

场景二：

课堂上老师发现小A发言比谁都积极，只要老师提问，他就第一时间举起手来。先把机会抢到再说，回答对了，他就很兴奋，满脸的荣光；如果不会做，他就会乱说一个答案，有同学帮他纠正，他就一脸不服气的样子，或说上一两句讽刺的话，接着就没心参与课堂了。当课上到了需要动手写的环节时，他就到处找同学讲话；同学不理会他，他就自己拿着一本漫画书看，或是自己做起手工来；要是同学友善地提醒他，他就会说"关你屁事……"

上篇 德育渗透

场景三：

班长报告老师作业都收齐了，老师问："不对呀，这不是还少了一个同学的吗？"班长说："哦，您是说小A呀？您不知道呀，小A上了三年级以后，就经常不交作业了，我们三到四年级总是换老师，新老师在熟悉班级情况之前，他就一直钻空子，偷懒不写作业，而且考试总是抄同学的答案。"

场景四：

中午，老师在校外发现小A骑着一辆崭新的成人山地自行车，一只手拿着一瓶可乐，另一只手扶着自行车把手，穿着的校服外套了一件很酷的短袖体恤。老师惊奇地叫住了他，问他："小A你吃饭了吗？怎么没有回家呀？……"小A说："我算是吃了吧，因为我把老爸给我的钱都拿去买了卡片，早上在麦当劳饱餐了一顿，现在买一瓶可乐就可以了。最近一周爷爷奶奶有事回老家了，我就自由了，可以在外面骑车逛一逛了……"老师和他谈了一会儿之后，问他知不知道小学生不到12岁是不可以骑自行车到小区外的法律法规。他说不知道，就开始给老师讲车是爸爸给他买的生日礼物，说班上同学没有谁有他这么酷的车。当老师问到爸爸妈妈的情况时，小A就故意回避并快速骑上车，蹬上几脚溜得远远的。

场景五：

下班后，老师正在另一个特殊孩子的家进行家访，此时一个陌生的电话不断地打来。接通后，只听到对方气急败坏地说："您是王老师吗？我是小A的奶奶，他今天看到我和他爷爷回来后，就不肯回他爸妈的家，我们已经在小区里待了几个小时了，能不能请您来帮我们劝一劝他。现在孩子大了，我们希望他能与自己的父母生活在一起，培养他们之间的感情，加上他现在的学习我们越来越辅导不了了，但他就是不肯回他父母的家。我们现在的位置就在……"虽然不是这个班的班主任，但从开学到现在，小A一系列的表现早已引起了我的关注，正准备找个机会去深入了解一下小A的家庭呢。

实际上，在这之前我已从各科任老师和他的同学那里对他有了初步的了解：小A的家庭很特殊，爸妈在他上一年级时就离婚了，后来妈妈又病逝。爸爸和继母，还有继母生的弟弟生活在一起。小A不喜欢爸爸和继母对他的态度，就一直和爷爷奶奶生活在一起。

二、案例分析

通过家访进一步了解到，小A所谓的不回家，是不想回爸爸与继母的家，只想和爷爷奶奶生活在一起，他说不想看到爸爸对他粗暴又冷漠的态度。在老师的劝说下，小A答应和爸爸谈一谈，结果，爸爸和小A都用斜着的眼神看着对方。小A爸爸听说了他在学校的表现，看到他就气不打一处来。而且，进了家门后，奶奶只是默默地坐在换鞋区，没敢进去，因为奶奶之前就说了，爸爸和他们已经几年不说话了，也不来往。爷爷和小A的爸爸甚至几年都没有见过面了，小A的爸爸从小也没有跟着自己的父母长大，更重要的是，小A的爷爷是深圳出租车公司的司机，当年还被评为了广东省的劳模。奶奶是公交公司的售票员，年轻时忙于工作，没有时间照顾孩子，就让小A的爸爸长期和他的爷爷奶奶生活在一起。因为在外工作，为了弥补父母关爱的缺失，他们就希望用物质来弥补，所以在物质方面爸爸给小A的就比同龄的孩子更宽裕，但随着年龄的增大就暴露出了很多问题，养成了各种坏习惯。

从案例中可以看到，小A的爸爸从小就严重地缺少父母的陪伴，更别说有质量的陪伴了，甚至因此而受到了比较严重的心理创伤。在需要父母陪伴时，他得到的只是父母物质上的满足，而爷爷奶奶的隔代教育，可能温柔有余，理解不足，引导不足，这也就让他从小没有了做人做事的边界感，没有边界感，自然也就缺乏安全感。当年龄越大，和父母在精神上的联结就越来越弱，甚至没有。父母只是在孩子做错事、闯祸时，才出来灭火。

随着小A年级升高，所学的知识也越来越难，在家庭作业中遇到困难没人辅导。再加上现在很多作业需要在手机上完成，而爷爷奶奶对于电子产品中的软件不太懂，小A就长期半夜偷偷玩游戏并上了瘾，越来越不想学习了。长期与爷爷奶奶生活在一起，犯了错，小A只是歇斯底里地哭闹，情绪严重失控，发脾气扔东西，爷爷奶奶也不知所措，总是立马就范。在教育小A的过程中，小A的爸爸的情绪完全处于失控的状态，说了很多难听的话，甚至责罚孩子，过后又处于长时间的自责中。由于教育不得法，小A的各种坏毛病就变本加厉地增加了。

上篇

德育渗透

三、案例转化

小A的敏感、逃避、防御、戒备、情绪失控等心理问题，只是他的家庭问题的冰山一角。想要转化小A，就得调动多方力量，形成教育共同体，弥补他所缺失的有质量的陪伴，让他感觉到温暖，感受到可以与这个世界有更多的情感链接。最后，我联合科任老师一起制定了一个切实可行的方案。

1. 及时进行正面强化

第一，利用强化原理，在校给小A更多及时的正面强化，不要等到他恶作剧或是不想写作业、不想认真听讲时才找他谈话，而是只要发现他有进步，就在全班同学面前表扬他战胜缺点的不易，并将他的点滴进步都量化出来，每天、每周、每月都做好总结。第二，为了让他在班级有存在的价值感，降低他的学习压力，为他打造一个属于他自己的真正意义上的成长共同体。

2. 通过阅读改变固有的认知

为了让家长们明白，在教育孩子的过程中，先要接纳自己与孩子的负面情绪，然后为其提供高质量的陪伴，并温柔坚定地执行。为此，我们推荐家长们购买相关年龄段教育类以及心理学方面的书籍，例如《帮助孩子摆脱焦虑》《与焦虑和解》《破解孩子内心世界的秘密》《高质量的陪伴胜过朝夕相处》《原生家庭》等，通过阅读与反复实践，让家长们认识到原生家庭教育的问题出在哪儿；要改变现状，需要做些什么；等等。

3. 建立成长共同体

为了让类似孩子的家长与小A的家人形成教育共同体，老师组织他们建立了一个"高质量陪伴"的微信群，利用强化原理，将每天完成的作业、当天上课的专注度与孩子课上分享的热情，量化成游戏的积分与闯关形式。在这个小群里，把孩子当天的作业拍照上传，家长们每周轮流做记录，每天、每周、每月评选出正确率、工整度的总分前五名，老师在学校加以表扬，并发一份神秘的小纪念品或是上课需要用的学具等，同时，很有仪式感地当着全班同学的面给他们拍照，定格下这光荣的一刻。再将相片发到"高质量陪伴"群，给努力改变的家长们一种动力、一份成就感。后来，家长们还在这个群里分享自己的教育好点子，自己从阅读中获得的收获与改变，以及遇到了哪些困惑等。

4. 提供更多的锻炼机会

为了让小A在班级中有更多的存在感，获得良性的成长氛围，提高自制力，我给他委派了许多他力所能及的事。例如：在班级领读，当小老师，领队跑操，准备好当节课要用的课件，上完课帮老师收好课本送回办公室，在课间或是自习课时整理班级图书角，在提高自己服务意识的同时，提高了他在班级的受欢迎程度，也让他有机会得到老师更多的关注。另外，鼓励他积极参加学校的各项活动，并有计划地训练他，让他明白只要付出努力，就会有所改变、有所收获。

四、效果及反思

在家校形成合力之后，为了给孩子的成长提供更好的助力，家长与老师们都主动参加各类心理学方面的培训，看相关心理学方面的书籍，反复实践与修正，提高了自己的认知与能力。通过不断的学习与实践，家长和老师们更清楚地认识到对孩子的恶言批评与指责，不仅不能成为孩子以后抵御挫折的储备力量，反而会在孩子心中形成负能量的蓄水池甚至黑洞。所以在孩子遇到挫折的时候不要加以指责，而是引导孩子找到应对之法。这样一来，转变小A的合力越来越强大，经过一段时间的强化训练后，小A有了明显的转变，同时，也带动了更多的家庭加入高质量的陪伴行列中来。

对于像小A这样的特殊学生，我们教育工作者需要挖掘其成长背后的助力系统，综合分析其成因，找到问题的根源，制定切实可行方案以采取相应办法，如此才能调动各方力量形成他的助力系统。关键是要让父母意识到"高质量的陪伴"的意义，同时知道怎样做才能给予孩子"高质量的陪伴"。

参考文献

[1] ［美］苏珊·福沃德博士，克雷格·巴克，原生家庭［M］.北京：
北京时代华文书局，2005.

[2] ［美］鲁道夫·德雷克斯，［美］薇姬·索尔兹.孩子：挑战［M］.
甄颖，译.北京：生活·读书·新知三联书店生活书店出版有限公

上篇 德育渗透

司，2015.

［3］［美］鲁道夫·德雷克斯.父母：挑战［M］.花莹莹，译.北京：生活·读书·新知三联书店生活书店，2017.

［4］［美］爱丽丝·博伊斯.与焦虑和解［M］.刘佳沄，译.长沙：湖南文艺出版社，2020.

特别的爱给特别的你

深圳市龙岗区南湾学校　傅　明

一、案例呈现

在我们班的合照里，可以看到有一个孩子呆呆地望着前方，他就是我们班的特殊孩子——小A。在教小A之前，我经过低年级的教室时，经常看到一位爸爸在陪着自己的儿子上学。当时我还有些狐疑：这个班怎么长期有家长陪读？一打听才知道，原来小A是特殊孩子。小A的爸爸为了照顾孩子而放弃了固定工作，每天在学校陪读。当时只觉得这位爸爸真不容易，教这个班的老师也真不容易。也许是冥冥之中的缘分吧，到四年级接班时，我成了小A的语文老师兼班主任。

小A是身心双重特殊的学生。身体上，他患有先天性心脏病，一出生就动过心脏手术，不能做剧烈的运动；精神上，他的残疾证上写的是精神残疾二级，他爸爸说小A被诊断为患有儿童孤独症。小A当时是家里唯一的孩子，为了照顾小A，爸爸放弃了固定工作，从一年级开始就每天在学校陪读；小A家里的经济基本靠他在广州工作的妈妈负担。小A很听他爸爸的话，当小A的爸爸严厉地盯着他时，哭闹不止的小A会停下来。据小A爸爸说，小A的智力水平远远低于同龄人。

在刚开始接班时，我发现小A在学校会有以下这些特殊表现：

（1）有时在课堂上会突然大喊大叫，打扰课堂，口中还经常喊道："我不想读书了，我不想在五班了。"

（2）有时会无缘由地长时间哭闹，还自言自语"小A哭了"或者"小A失败了"。相较于"我"这个自称，小A更喜欢用自己的名字来称呼自己。

（3）在户外课堂，比如体育课时，小A经常离开上课地点，在校园里乱跑，还经常到教师办公室乱喊乱翻。

（4）自控能力弱，有过高空抛物、用剪刀剪教室窗帘等违纪行为。

（5）考试时，会明目张胆地站起来抄旁边同学的答案。

（6）有时会走错教室，喜欢串班，喜欢趴在别的班级窗户上看别班上课。

（7）喜欢用双手在空中比画，仿佛空中有一幅只有他能看到的地图。

二、案例分析

小A是身心双重特殊的孩子。为了更好地帮助小A，为了对症下药，我查阅了医学资料，了解了儿童孤独症的基本症状。孤独症是它的书面语言，现在也把这类疾病统称为孤独症谱系障碍。这类孩子被称作"星星的孩子"。孤独症也就是自闭症，它是一类神经发育障碍，也叫心理发育障碍，或被称为大脑的广泛性发育障碍。它是一种先天性疾病，是在出生前由于种种原因，大脑的发育或者某一个领域的发育受到了影响，导致出生以后，患儿的各种发育进程，比如语言能力、社会交往、运动能力等发育迟缓或受到阻滞，而呈现出各种各样的功能障碍，所以这样一类疾病就被称为孤独症，也叫自闭症。

心理学的研究表明，患有孤独症的孩子自我意识往往没有形成，不能很好地区分自我和别人，这在小A身上体现得比较明显。这可能也是小A更喜欢用自己的名字称呼自己的原因。也可能是因为小A的自我意识发展滞后，不能很好地区分自己和客体，造成他对规则的漠视，不知道自己的行为对集体的影响，不知道在与人相处时应该遵守的基本规则。

经过对小A同学日常表现的仔细观察，我发现他的特殊需求体现在这几个方面：第一，引起教师的关注和关心。第二，在同学中求关注。哭闹是小A在群体中寻求存在感、寻求帮助的一种方式。有时候课上得好好的，小A突然大声哭闹，但他脸上的神情似乎告诉你，他并不是因为受了欺负或者别的原因哭，而是在故意引起老师的关注、引起同学的关注，是在刷存在感。有时候，小A闯了祸也会用大声哭闹的方式来引起老师的关注和帮助，在这点上他还是挺"聪明"的。第三，因为有先天性心脏病，不宜参加剧烈运动，所以需要更多地休息。

小A身体上的特殊需求很好满足。我从一接班时就把小A的身体情况告诉了体育老师，并请体育老师多加留意他的状况。此外，学校的跑操等不宜小A参加的活动，我都特别关心留意，会让小A在教室休息。相较而言，满足小A精神上的特殊需求更难。

如果小A寻求关注的需求没有得到满足，他就会通过制造更大的动静来索取。比如在刚接班时他会扔掉旁边同学的文具，甚至可能产生暴力倾向。而且，他可能也会在班级没有归属感，产生厌学情绪，正如刚接班时他不时喊的"我不想读书了，我不要在五班了"。小A这么喊，更多的是在求关注，但如果对小A的需求长期视而不见，他就很可能真的变得厌学。

三、案例转化

小A生命中的重要他人是他的爸爸。从四年级到六年级一路走来，面对班级中身心特殊的残疾学生小A，我绞尽脑汁，努力成为小A的另一个重要他人，努力做好融合教育，用爱心帮助孩子更好地融入正常的教育之中，融入班集体中。

这些年，针对小A的特殊需求，我采取了一系列措施来帮助这个特殊孩子。如：

（1）帮助他学会自理独立，从四年级需要家长陪读到五年级下学期开始可以独立上学。

（2）创设充满爱心和正能量的班级氛围，鼓励全班同学多关心他、爱护他，不把他当作另类，而是把他当作关爱的对象，当作给我们班的特别"礼物"，树立充满爱心、相互关爱的班风，有时同学们甚至会抢着帮助小A。

（3）润物细无声，不给特殊孩子贴标签，发动同学与他交朋友，下课多陪他玩、陪他聊天，满足他被关注的需求，让他身心愉悦、快乐成长。

（4）特别的爱给特别的你。对于小A上课时因不能自控而手舞足蹈、大喊大叫等行为进行宽容处理或冷处理，让特殊孩子能在爱的环境中慢慢成长。

（5）在特殊孩子受到欺负时坚决主持公道，保护孩子的自尊。曾经有调

上篇 德育渗透

皮的学生欺负、作弄小A，我会坚决制止，让欺凌者在班上公开向小A道歉，并且召开主题班会，在班级弘扬正能量，树立同学间互相帮助、互相关爱的班风。

（6）及时鼓励。对于特殊孩子的点滴进步要及时表扬，如当小A认真制作朗读视频时，对他大加表扬，并选他当"小红花之星"，帮助他找到学习的成就感，让他爱上学习，爱上参加班级活动。

（7）变消极批评为正面鼓励，积极实施正面管教，给予特殊孩子合理期待。我跟小A达成了"每天一个小进步"的约定。只要孩子今天比昨天进步了，哪怕是非常小的进步，也大力给予表扬。如果小A今天上课没有大喊大叫，或者体育课上没有乱跑，就马上奖励他一朵小红花。我在班上实行小红花综合评价体系，小红花累计10朵，就可以换奖品。在期末评优中，本学期累计的小红花总数也是重要的参考依据。小A在和我的"每天一个小进步"的约定下，行为习惯越来越好。

（8）公平公正。对待小A犯的严重错误，给予一视同仁的批评，让小A明白遵守规则的重要性。比如有一次放学后小A闹情绪，把我们班的班牌从三楼窗口扔了下去，幸好班牌落在了二楼的玻璃屋檐上，没有砸到人。我严肃地批评了他，并告诉了他的爸爸，请爸爸在家也严肃教导小A，告诉他不能再做这样的危险动作。

（9）积极进行家校沟通，与特殊孩子的家长紧密配合，纠正孩子的不良行为习惯。有时小A为了求关注，会故意在课堂上大喊大叫，干扰到课堂教学的正常开展。由于小A最怕他的爸爸，当小A顽皮的时候，我会拿出手机假装在拍摄，并告诉小A我将告诉他的爸爸。在这样的情况下，小A一般会自己纠正，不再喊叫。

（10）与学校特殊教育资源室的老师紧密配合，一起帮助小A。

总之，用"牵着蜗牛去散步"的耐心和爱心，期待、引导"星星的孩子"获得每一点进步，静待花开。

四、效果及反思

1. 效果

我把小A这个"星星的孩子"当作是给我们班的一个礼物。这些年来，通过多措并举，我们取得了良好的效果：小A的自理能力得到了很大的提高，现在能独立上学了；在班级中树立了相互关爱的浓厚氛围，小A在班级中经常获得同学们的帮助；小A的脸上经常洋溢着笑容，他不再说"我不想上学了"这种话……

一次早读时，小A的鞋带散了，班上三个同学不约而同地主动上前帮小A系鞋带，小A坐在地上开心地笑着。我把这一幕拍摄了下来，并发到了家长群里，表扬孩子们的爱心。每每回想起这一幕，我都倍感欣慰，不禁感慨：多么温馨的画面！多么友爱的班集体！五班是一个充满正能量、相互关爱的集体！五班不愧是德胜班！

有时，小A会错把我叫成"爸爸"，也许在他的心目中，我也是能像他爸爸一样给他带去安全感和温暖的人吧。

通过这些年在教学实践中的观察，我也发现了一个有趣的现象：每当小A调皮捣蛋时，如果跟他说会给他爸爸打电话，一般情况下小A会收敛，不再无故哭闹。从这一点来看，小A并非对周围的环境麻木不仁，当提到他爸爸时，他会调整自己的行为。这说明爸爸是他生活中最关键的重要他人，是严厉的符号象征。我平时正是抓住了这个"牛鼻子"，引导小A学习遵守社会规则的。

在"每天一个小进步"的约定下，小A的行为习惯越来越好，还数次荣获班级的"小红花之星"。我为荣获"小红花之星"的同学拍摄颁奖照片，并发到家长群。现在小A还经常骄傲地跟周围同学说：我得了30颗小红花！看到小A幸福的笑脸，我知道，所有的付出都是值得的。

2. 反思

（1）离开了现在温暖的班集体，小A要如何重新适应新的班集体？

（2）小A将来如何适应初中的学习生活？

（3）对小A的特殊关照一定程度上让小A有点"恃宠而骄"，如何避免？

（4）人们常说特殊孩子往往拥有自己的特长，下一步要鼓励小A找到自

上篇

德育渗透

己的特长，发挥自己的优势。

我采取的措施更多地是从一线教学实际出发，从人文教育的角度出发，还比较缺乏理论的系统指导。今后要加强对心理学，特别是特殊教育理论的学习，以便更好地帮助特殊学生。今后我也将继续努力，争取帮助特殊孩子毕业后能有更好地发展。

对"星星的孩子"的教导、帮扶是一项长期工程，需要教育者具备极大的耐心和爱心，因为经常要停下脚步关注这些孩子，不免要牺牲掉一些教学效益，这是对教育者的很大挑战。但，这些挑战都是值得的。看到像小A这样的特殊孩子能融入集体，在班级中健康、快乐地成长，我感到非常欣慰。

除了对残疾同学的特别关爱和教导，平时我也会积极关注班上其他有抑郁倾向的孩子，帮助全班同学健康成长，践行融合教育，落实南湾学校和乐育人的理念。

特别的爱给特别的你，期待所有特殊需求孩子都能在关爱中茁壮成长！

直面风雨，向阳生长

——积极心理学在德育中的作用

深圳市龙岗区南湾学校　何小慧

一、案例呈现

初中入学报到，新生们首次齐聚一堂。置身于新集体，孩子们间的相处有生涩，但更多的还是新鲜和期待。作为九年一贯制的学校，虽说是初中新班级，但其实有很多还是本校的孩子，所以课间就已经有三三两两的"老熟人"在热切地交谈了。而在重逢的热闹环境中，作为本校生的小何就显得比较低调。他只是安静地坐在自己的座位上，仿佛外界的喧哗都与他无关。

在后来的观察和相处中，我逐渐发现小何也并不全是"低调"，偶尔也会有"爆炸性"行为。有一次在升旗仪式的集队过程中，发现班上有几个同学排队时稀稀拉拉，我正打算过去提醒。这时听到小何跟其中一个孩子说，你们不排好队伍，小心老师打你们。其实孩子间措辞比较夸张也是常有的，但当时小何的表情非常的严肃认真，仿佛他真心觉得老师会这么做。当场不仅是另一个孩子，连我都被吓到了。还有一次，小何跟同桌大吵起来，一度引起了全班的轰动。起因是小何的饮水瓶掉到地上了，课间经过的其他同学不确定是谁的，就随手捡起来放在了小何同桌的桌上。后来小何以为同桌是故意把自己的饮水瓶拿走的，就非常生气，不仅大喊大叫起来，还将同桌的课桌推倒，边哭边把里面的书本往外扔。

这两起事件引起了我的重视，于是对小何进行了深入了解和关注。在与科任老师们的交流中，我发现小何对学科学习的积极性都不高，学习成绩不理想，在参与性的小组合作中不主动，也不爱运动。小何的小学老师和同学对他的评价几乎都是"人怪怪的""反正不惹大事，随他吧"。而在与小何家长沟通的过程中，我了解到小何是与父母、弟弟、外公外婆一起生活的。读小学之前几乎都是由外公外婆带养，小学之后父母才开始介入管教，但是由于弟弟在小何二年级的时候出生，所以妈妈主要照顾弟弟，爸爸负责小何的学习。小何明确表达过不喜欢弟弟，还经常故意惹哭弟弟。从一年级开始，小何的爸爸就每天坚持辅导他写作业，但是发现孩子的注意力不集中，教的东西很快就会忘记，学业成绩一直都不好。四年级时，爸爸甚至采取棍棒齐上的教育方式，孩子的学习依然没有进展，而且出现了比较严重的反感情绪。同时，小何开始频繁与班上同学出现摩擦，甚至有一次跟同学大打出手。后来对方的家长在校外对小何进行了威吓，让孩子非常惊恐，甚至一度非常恐惧与他人的身体接触，并且常常会担心被他人欺负。

二、案例分析

此案例中的小何明显是缺乏安全感，对于外部的刺激极易产生过激反应。由于父母工作的关系，幼年时期由外公外婆带养，与父母的联系不紧密，渴望父母的关注和爱护。回归父母家庭仅一年后，新生的弟弟又"抢走"了妈妈的关爱，爸爸的关注点更多是在他不擅长的学业上，在"双重受挫"之下更加自卑消极。爸爸在对小何进行学习指导时采取的棍棒教育，也无疑对孩子产生了负面影响，不仅使孩子身心恐惧，而且影响了孩子与他人相处的方式，对小何产生了误导性的情绪发泄示范。小何在遭受威吓后没有及时得到有效的心理干预，遇事便产生强烈的自我保护反应，对外界产生怀疑及不信任，难以融入群体。

鉴于此，我认为要及时加以干预，否则孩子的状况会随着时间的推移愈发严重，从而引发例如自我伤害或者向外攻击等不良后果。

三、案例转化

在充分了解和分析问题后，我决定运用积极心理学的知识指导转化策略，从积极预防、积极教育两方面着手对小何进行帮助。

1. 正面期待，积极预防

我留心关注小何的日常，希望可以以一些事件为契机，走入小何的内心。半学期后，学生们迎来了为期一周的校外社会实践。第一次穿军训服，学生们显然都不知所措，裤腰带和皮带也分不清。这时小何是最先穿戴好自己军训服的，并且开始帮助其他学生调整裤腰带和皮带。在小何的帮助下，大家总算在教官要求的时间内完成了内务整理。在后来的活动总结中，我大力表扬了小何。小何也因此而感受到，原来老师这么关注自己，原来乐于助人的自己也是会被发现的。

在后来的聊天中，我回避了小何不擅长的学习问题，而是更多地听他讲日常琐事。他会主动告诉我："我最近饭量增加了，个子也长高了一些""周末去公园野餐了"，他还会主动关心我："最近流感季，老师要多喝水"等。终于，我等到了小何敞开心扉，等到了教育的契机。

赞美、信任和期待具有一种能量，它能改变人的行为。当一个人获得来自他人的信任和赞美时，往往会变得更加自信，会获得积极向上的动力。每一个个体都是与众不同的，我坚信小何可以有所改变，于是在细节中发现他的优点并及时表达，采取正面期待的方式给予他信心。

2. 正面体验，积极教育

在与小何的一次谈话中，他告诉我他最要好的朋友是小睿，因为小睿每次离开时都会主动跟他说再见。我顺着小何的话，跟他商量："既然这样，要不我们都向小睿学习，主动跟别人说再见吧。"小何思索了一下，答应了，不过他也提出了疑问："万一别人不回应，岂不是很尴尬？"我说，"没关系的，我们先做好自己啊。"后来很长一段时间，小何都有坚持跟同学和老师说再见。有时候我在办公室忙着处理事情，小何还会特意来办公室跟我说再见再回家。

又过了一段时间，小何告诉我，现在跟同学们说再见，大家都会回应他，他很开心。慢慢地，通过"说再见"的细节，在其他待人处事的问题上引导小何更多地进行正面体验，小何都比较能够接受并且愿意努力改正。

教育的方式绝非单一的，除了说教和批评之外，正面体验的积极教育方式，让学生从情感上更容易接受，教育效果更具有长效性和持续性。采取积

上篇 德育渗透

极教育的时候，要结合学生的特征，选择他的实际能力能够达到的正面事件去参与体验。并且要持续关注和反馈，以加强正面体验的教育效果。

3. 多方支持，形成合力

我还建立了同伴小组、科任老师团队和家校团队，凝聚多方合力。尤其是小何的家人，在我们沟通后，也积极支持和配合我的工作。找心理医生咨询，对孩子进行专业评估。直面孩子学习能力不足以及注意力不集中的事实，为孩子申请了专业的协调训练，以减轻孩子学业上的压力。在日常教育细节中，我们互相沟通、互相配合，为小何营造了积极的环境，让他全面感受到善意和关注，重拾安全感和自信心。

四、效果及反思

通过以上措施，小何在行为上有了很大的改善。现在的他最喜欢课间来找老师们聊天，说说最近的新鲜事，帮老师干干活，有时候还会支援其他班级如帮忙送作业等，成为办公室的常客，也成了老师们的小助手。现在的他会每天准时交作业、做好课堂笔记和订正，因为他不想给小组拖后腿，他要努力为小组加分。现在的他会在运动会的时候忙前顾后地给班级运动员送水，他会在班级篮球赛时大声给自己班喊加油，还会在发现教室外走廊上有杂物的时候主动捡拾，因为他说他很喜欢现在的同学，很喜欢现在的班级。现在的他会在家里帮忙干家务，因为外婆外公年纪大了需要照顾。他还会在妇女节这一天给妈妈送上自己在美术课上学做的小手工礼物，并害羞地"祝妈妈节日快乐"。跟弟弟出外时，他会帮弟弟戴好口罩，并提醒弟弟"小心有车，不要乱跑"。

小何家的阳台上有一片属于他的小花园，其中有多肉、绿萝、月季、薄荷、栀子花、绣球花，全部都是由他亲自打理。小何是个种植小能手，他喜欢植物们的生机勃发。希望成长道路上的小何也可以直面风雨，向阳而生！

一花一世界

深圳市龙岗区南湾学校　刘琴芳

　　每一位孩子都是一个独立的小宇宙，每一颗心灵都是一个丰富多彩的世界。

　　小锋是我们班比较沉默的一个孩子，沉默得让我觉得他简直就是一个"迷"。他的个头，他的眼神，他的言谈，他的行为，都和别的孩子不一样，似乎要比其他的孩子成熟很多，一双深邃的眸子闪烁着智慧。

　　也许是投缘吧！第一次见到他，就对他颇有好感，也向他以前的班主任询问了一些他的信息：懂事，踏实，肯干，是一位不可多得的人才。这么高的评价，更让我对他有了很高的期望。可是，也许正是因为我过高的期望，让我很快陷入了失望的困境。

　　由于他的肯干，由于他极有优势的个头，我想培养他做我们班的班长。可是一周后我发现他属于"独善其身"那一种类型，不具备管理班级的魄力。但我没有轻易放弃，孩子的领导能力是需要培养的，我打算好好培养他。没想到他竟然私下跟我说不愿做班干部。我没有答应，这孩子是怎么了，至少可以试一下呀！不想当将军的兵不是好兵，我说。他沉默着，没有反抗。

　　他的话很少，找他谈心，他也只是在倾听，很少开口。难道不肯向我打开心扉？我希望他能活泼一点，开朗一点，大胆一点，做一个好班干，做一位好"将军"！结果几次谈话后，我看到的都是同样一个表情——顺从，不情愿地顺从！这让我茫然：他顺从的表面之下到底藏着一个怎样真实的内心？我开始观察他的工作。的确，安排给他的任务，他会认真执行，但不是号召大家一起行动完成，大部分是自己默默完成的。他不想"得罪人"，又不想忤逆老师的意旨，所以选择了独自承受，这就是他的风格！而且他似乎离我越来越远，好像有很多话要说，却又不敢说。我有一点迷惑，也有一点懊恼。迷惑的是他与众不同的行为，懊恼的是他和我的疏远。我对他要求得越多，他似乎越没有起色。转眼间，开学一个月了，我对他的好感就像深秋的浓雾，渐渐散去。

随即，发现他的很多表现都不尽如人意。书写不美观，字迹无论是从结构还是笔画来看，都没有美感可言，指出好几次，都没有改观。学习上也比较粗心，几次测验都是80多分，在85到89之间徘徊，而他应该远不止这个水平。一个半月过去了，无论在学习上还是其他的活动上，他都没有什么特别好的表现，离我对他的期望似乎是越来越远。

他退步了，我很着急。难道是我的引导出了问题？我马上联想到心理学上对待孩子成长的两种期待——"皮格马利翁效应"和"戈莱姆效应"。"皮格马利翁效应"是一种积极的心理期待，说的是如果你对孩子寄予良好的、正面的期待，他便会朝着好的方面发展，并且形成一种良性循环。相反，"戈莱姆效应"则是一种消极的期待，结果也自然背道而驰。是不是这段时间我对他的要求太高了？说严重点是不是太苛求他了？是不是好几次嗔怪他没有达到我的要求，导致他过于紧张，形成了心理压力，所以没有发挥出他应有的潜能？我在不断地反省着自己。

刚好，他的妈妈给我打来电话，询问他在校的表现。从电话里我得知，原来他从二年级开始就一直和爷爷住在一起，爸爸妈妈是公司高管，分别在东莞和中山工作，一周才回来一次。

我恍然大悟，之前的很多谜团也迎刃而解。怪不得他总是沉默不语，处事总是显得比别人深沉，总是一副与世无争的态度。长期与父母分离，已经给他幼小的心灵造成了一种爱的缺失，从而产生了一种不相称的"成熟"。而我要做的，就是填补他的这个缺失，而不是一味地以一种严厉的姿态来要求他、苛求他、责怪他！

于是，我很快调整了策略。我决定多给他一点自由的成长空间。很长一段时间，我都假装不去关注他，只是偶尔轻描淡写地表扬表扬他。没想到，事情真的有了转机。发现我不再关注他，他放松了心情，和我说的话渐渐多了起来，遇到问题会主动来找我商讨解决的办法，我很高兴。他的成绩也逐渐提高，期中考试语文居然考了95分，全班第一。后来接连几次都保持在前三名，作文也越写越好。

看来他还是挺有实力的。原来，以前一切都是我的错，是我没有走进他的内心，没有真正了解他，不知道他究竟喜欢什么、反感什么，没有用恰当的方式去关心他、发掘他，这样一颗明亮的珍珠被我粗心的尘土给遮掩了光辉。幸好现在这颗珍珠又重新绽放了光芒，我甚感欣慰！

只是，他依然是话语很少，忽闪的眼神背后依然藏着许多故事。其实这就是他真实的自我！他喜欢写日记，并且写得很用心。恰逢周二，又轮到他写"漂流日记"了。从他的日记中，我再一次认识了这个极其内秀的男孩。日记是这样写的：

德不孤，必有邻

刘老师常常要求我们班的班干部用自己的修养和风范去影响身边的同学，亚玟同学就是这样一个人。她是这学期转来的新生，学习习惯很好，成绩也棒，渐渐地带动了好些同学，让他们都取得了不同程度的进步。工作中，她一丝不苟，对待同学严格要求。一开始，大家都不理解她，但是她始终很注重自己的德行和修养，默默地在用自己的德行感染着我们。我想，这样的同学，迟早会得到大家的认可和赞赏的。我要向亚玟同学学习。

短短的几行字，让我咀嚼了许久，感叹了许久。他还是个三年级的孩子呀，居然能这么自如地引用《论语》中的名句，有感而发，真是不简单。这是一个内心世界极为丰富的孩子！一个思想纯洁而又高尚的孩子！我为他能有这样的胸襟和文采而感到骄傲。

也许，他真的不喜欢做班干部，所以之前做班干部做不好。可是这又何妨？他有着一颗敏感而深邃的心灵。他喜欢安静，喜欢独处，我应该保护才是，而不该强求他做我心目中的"将军"。就像班里的另一位男生黎志炫，他喜欢蹦，喜欢跳，喜欢交际，而我也没有必要去束缚他，让他做一个"乖

・ 115 ・

上篇 德育渗透

孩子"。也许是由于我的一厢情愿，以及对小锋的高要求，导致了他的紧张与不安，导致了他的成绩下降。也许真是这样呢，我真的应该好好反省。

其实每个孩子都有他的个性，就像每个人都有不同的气质一样。可无论是哪一种气质的人，都会有他的成就，只是不同的气质需要不同的引导方式罢了。

是呀，世界上没有完全相同的两片树叶，一个班集体中也没完全相同的性格和灵魂，我们没有必要去追求他们的一致与统一，也没有必要要求他们一定得按照我们期待的路线发展，他们都有着自己的成长轨迹。值得庆幸的是，正是因为有了各种各样的人格，有了各种各样的道路选择，才让我们这个世界变得精彩纷呈！

走进孩子的心灵，用心去了解他们，用爱去温暖他们，真的让我发现了很多奥秘。每一个心灵都是一个多彩的宇宙，正所谓，一花一世界，一叶一菩提。

感谢这些可爱的孩子们！

愤怒的小狮子变形记

深圳市龙岗区南湾学校　刘琴芳

一、案例呈现

小浩，男生，11岁，是我刚接手的五（5）班的一个孩子。这是一个温暖团结的班级，总体氛围紧张有序、活泼奋进。男生绅士有风度，女生优雅有气质。学习氛围特别好，生活气息也特别浓。然而，小浩是其中一个不和谐的音符。

这不，新的一周刚刚过去，每每刚下课回到办公室准备坐下的时候，就有同学慌忙来报告——

"刘老师，您快到班级去看看吧！小浩又和班级同学吵起来了！"

啊，这是怎么回事啊？开学还没两周，就已经是第五次吵架了，简直是每天一小吵，三天一大吵啊！

等我来到班级一了解，吵架的原因简直让我哭笑不得。原来只是因为小浩的同桌下课时不小心将一个小纸团滚到他的座位底下去了，小浩让同桌捡起来，同桌没捡，他便立马变脸，友谊的小船说翻就翻。他变得怒不可遏，便跟同桌吵了起来。最后，同桌向他道歉，这件事情才算平息。我暗自嘀咕，男子汉大丈夫为这么一点小事就闹起来也太不值得了吧！

又一次，我还在讲台上改作业，又有学习委员来报告——

"刘老师，快看，小浩在撕作业本呢，他把他自己的作文本都撕碎了！"

我下去一瞧，这是怎么回事啊？原来是作业没写好，自己和自己生气呢！把作业本都撕烂了！这是典型的强迫症吧，我轻易地下了个结论。

更严重的一次，我刚到班级，就看到班长气喘吁吁地跑出教室，看样子是正准备找我呢！"刘老师，您快来啊！小浩又发怒了！在班上把一大片同学的桌子都推倒了！"

啊，我进教室一看，一二组的桌椅都被推倒了，横七竖八，书本、笔掉了一地……而且，见我来了，他还没有要停止的意思，一边怒吼，一边还在用手推桌子，用脚踹其他同学的椅子。

啊，这简直就是一头发怒的狮子啊！

究竟是什么原因使他如此发怒呢？原来是调皮的同桌上课用尺子戳到小浩了，而且是戳到了他的屁股……

我赶紧走过去，先是想拉住小浩，再是想抱住他，想让他不要再踹桌椅了，也想让他慢慢地平复情绪。谁知，他看到老师伸开双臂想抱他，马上委屈地哭了起来，而且挣脱了我的手，躲在教室的门后哭了起来；随后，慢慢地蹲了下去，蜷缩成一团，一边哭一边抽搐着、颤抖着，还不忘用门挡住自己，不让我们看见……

这是一个怎么样的孩子啊？有的时候凶猛得像一头发怒的狮子，有的时候又像一只惊恐的兔子……

二、案例分析

1. 观察、倾听同学的反映，了解情况

小浩看上去和其他同学没两样，只是他不喜欢说话，也不爱跟同学交朋友，平常都是一个人待着，默不作声。可是一旦和别人闹点矛盾，他的情绪就特别激动，特别容易发怒，推桌子、踹椅子，破坏性特别大。

他也不愿意和老师说话。每当老师找他说话，他总是眼神躲闪，支吾着不作声，也不把心里的事儿跟老师说。老师说话他一般只是倾听、点头。老师提的意见也会听，不反抗，但是做什么事情都不积极、不主动。

2. 接纳孩子，决定帮助小浩

说实在话，这样特殊的孩子给班级带来的麻烦确实挺多。但我觉得每一位班主任遇到这样的孩子都需要有一个强大的内心，首先是自己要淡定，然后是要做到接纳孩子，第三步才是帮助孩子。

爱孩子、尊重孩子，就要接纳和理解孩子的一切行为。接纳在幼儿教育和小学教育阶段都具有十分重要的作用。只有从内心真正接纳孩子，才能真正懂得孩子，进而去引导孩子更好地发展。接纳不是嘴上说说就可以做到的，也不是无底线地放纵，孩子需要每一位教师付诸行动去接纳。

对于接纳孩子，我是这样做的：拒绝评判，表达共情，尊重感受。这几点说起来简单，但对我来说也是一个挑战和进步。我决定要突破自己。

当小浩出现上述情况的时候，我没有责备，没有心烦，也没有发脾气，而是从心理上接纳他、安抚他，等孩子平静下来再倾听他的心声。慢慢地，小浩对我也放下了戒备，愿意跟我说一些心里话了。我觉得这就是一个很大的进步。在我的影响下，班级的其他孩子也学会了接纳和尊重小浩，为此也营造了一个良好的班级氛围。

3. 了解家庭情况

通过谈话、访问，我了解到小浩家庭的一些情况。

爸爸是公司老板，开了几家公司，平时跟孩子沟通特别少，一般早出晚归，一周之内见面都很难，更别提交流了。周末也是应酬多，很少有亲子活动时间。妈妈是财务，负责着几家公司的财务工作，平时也比较忙，和孩子交流也不多。家里也没有别的亲人在身边。中饭回家吃，但都是妈妈早上准备好的饭，自己热一下就吃了。晚餐是一位保姆阿姨准备。

家里物质条件比较好，但是父母对孩子的陪伴少，说话交流少，孩子独处的时间比较多，心灵缺乏爱和滋养。

4. 评估与诊断

经过多方了解、细心观察、查阅书籍、认真揣摩，我认为这是一个较为典型的由于缺爱而自我价值感比较低的个体案例。

缺爱的孩子通常会有以下表现：

（1）性格内向，不善于表达情感。他们内向拘谨，不爱说话，对任何事情都不发表任何意见，也不问爸妈问题，什么事情都是自己闷头解决。在学校不爱跟同学交流，不问老师问题，遇到问题自己解决，有时会采用极端方式。

（2）性格自卑。因为缺爱便将自己的姿态、认知摆得很低，认为自己是不可能成功的，在做事方面会犹豫不决、畏首畏尾，就算做成一件事，也会自我怀疑。

（3）心理不安。缺爱的孩子心里会极度不安全，会恐慌，会怀疑这个世界究竟有没有温暖。

（4）性格不可爱，甚至会捣乱，以此吸引大人的关注。

因此，要做好小浩的心理辅导工作，必须解决下面两个问题：

第一，在学校多给小浩一些爱和关注。

第二，帮助家长改变认知，让其多给予孩子一些关爱。

三、案例转化

1. 在班级营造浓浓的爱的氛围

在班级找班干部以及一些积极分子开会，告诉他们小浩的情况，和孩子们商量如何给小浩多一些关爱，如何帮助他改变。得到以下帮助：

孩子们主动找小浩交朋友。

几位热心的孩子主动做小浩的同桌，愿意从生活、学习、纪律等方面帮助小浩，帮助小浩在班级加强存在感，帮助他在学校上找到成就感。

针对小浩的一些过激行为，孩子们愿意多包容、多谅解。

2. 约见家长，建议家长多给孩子一些陪伴

我跟小浩爸妈说了开学前几周小浩的情况，并告诉他爸妈，孩子严重缺乏陪伴。爸妈立即表示确实如此，说这几年光顾着公司成长和扩建，一心扑在事业上，忽略了对孩子的陪伴。

我当时给家长分析了问题的轻重利弊，并且提了两条建议。第一，父母最好抽一人多陪伴孩子，至少陪孩子吃中饭和晚饭。周末尽量创造机会多陪陪孩子，陪他出去走走，帮他打开视野和心境。第二，帮助孩子培养一项兴趣爱好，任何爱好都可以。

妈妈是一位温柔的江南女子，立马满口答应了。但我担心的是，当面说的好好的，回到家又忘记了。所以，在一个月之内，我每周都会和小浩妈妈沟通一次，问问孩子的情况。

在我们见面之后的第三周，小浩妈妈真的做到了。辞去了她公司的部分职务，做好了交接，每天准时下班回来给孩子做晚饭，陪伴孩子读书、写作业、散步。

中午的午餐暂时没有安排好，但是也有改进，让钟点工阿姨做好饭，并且留下来陪小浩吃饭，陪他说说话，等小浩上学后阿姨再离开。

3. 帮助孩子提高自我价值感

家庭方面，我鼓励小浩的爸爸妈妈多发现孩子的优点，多给予他肯定。在班级，我自己也在不断寻找孩子身上的闪光点，多鼓励、多表扬，让孩子对自己多一点自我认识和自我肯定。

最关键的一次转变发生在一次语文课上。那一天，我们课上讲毛主席的诗词《七律·长征》。说实话，要把这首气势磅礴的诗歌读好，不是件容易的事情。但同学们都挺有激情的，课上一个一个展示朗读，似乎在打擂台。没想到，这个时候小浩也举手了。他胸有成竹的样子，似乎是酝酿了好久。这一读不要紧，一开口便一鸣惊人了——抑扬顿挫，气吞山河，节奏情感都把握得挺到位。"红军不怕远征难，万水千山只等闲……更喜岷山千里雪，三军过后尽开颜！"话音一落，他便赢得了雷鸣般的掌声！

课后，我把小浩叫到跟前，又给了他一个大大的赞！

"小浩，你今天朗读得真好，很有播音员的潜质哦！"

"真的吗，刘老师？"小浩不好意思地抿嘴笑笑。

谁知道，这一个不经意的夸赞，在他心中燃起了一个希望的火种。

接下来读书月的大型朗诵活动，小浩报名了！他参与了《我骄傲，我是中国人》的节目朗诵，表现非常出色。

后来，他还让妈妈给他报了校外的播音主持班。孩子在培训班进步很快，参加活动的机会也越来越多，自信心也越来越强。因为朗诵和主持的出彩，他成就感十足，很乐于参加学校的各项大型活动，也愿意为班级的"元旦联欢""六一联欢"出力。他这样蒸蒸日上的状态，让我们想到了马斯洛的需要层次理论（如下图所示）。

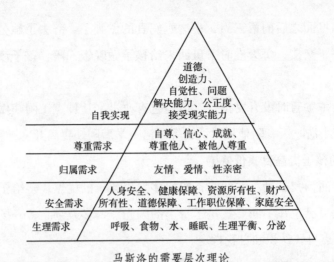

道德、
创造力、
自觉性、问题
解决能力、公正度、
接受现实能力

自我实现

自尊、信心、成就、
尊重他人、被他人尊重

尊重需求

归属需求　　友情、爱情、性亲密

人身安全、健康保障、资源所有性、财产
所有性、道德保障、工作职位保障、家庭安全

安全需求

生理需求　　呼吸、食物、水、睡眠、生理平衡、分泌

马斯洛的需要层次理论

可能刚开始，孩子因为缺乏父母的关爱，缺乏安全感，缺乏归属感，所以会惊恐不安分甚至愤怒不满。而现在，父母和老师都给足了他爱和安全感，孩子便处于追求"尊重"和"自我实现"需求的阶段了，所以孩子的状态越来越好。

四、效果及反思

和小浩的爸爸妈妈进行沟通之后，他们确实对孩子多了很多关注，后续我也在一直跟进，跟他爸妈的交流也比较密切。有时候他的妈妈也会主动把孩子在家里的一些情况反馈给我。

在家里，因为有了妈妈的陪伴，小浩独处的时间慢慢减少。在班上，我也做了同学们的思想工作，他的朋友也渐渐增多。所以，不到学期结束，小浩的第一个转变就是变开朗了，下课活跃了许多，脸色红润了，眼里有光了，课堂发言也积极了，成绩也在慢慢提高，从之前的60多分渐渐提高到90多分。此外，像之前那样的怒吼一次也没有发生过了！这真是一个了不起的转变。

有了家长的肯定、老师的赞美、同学的接纳和尊重，小浩的情绪一直处于平稳之中，很少跟同学发生摩擦了。他学习非常积极，对班级的事情也非常热心。

小浩的爸爸妈妈也是十分善良友爱，热爱班集体，愿意为班集体做贡献。小浩的爸爸妈妈感谢班级给孩子带来的改变，资助了一台学习机给班级，后来也常常来学校做义工。

孩子跟同学们的感情越来越融洽，跟老师的关系也越来越好。五年级期末，他获得了小学的第一张奖状——优秀少先队员。

到了六年级上学期，小浩已经不是那个让我担忧的愤怒的小狮子了，而成了一位彬彬有礼的小绅士。他穿着整洁，举止有分寸，而最让我欣慰的是，他的脸上多了笑容，身边有了许多朋友，如管月明、罗浩宇、李秉成等等。

由于后来他对足球很感兴趣，常在足球队训练，身体也越来越棒！六年级毕业时，他已经长高了许多，并以不错的成绩升入石芽岭中学。

暑假再次见到小浩，是在一次户外运动中。刚好我也喜欢户外运动，我们在石芽岭爬山时相遇了。小伙子已经183厘米的个子了，非常阳光帅气，而且儒雅有礼。听说被深圳市第十高中录取，在德语班学习，准备两年后去德国留学。

看到小伙子阳光般的微笑，作为老师，我真的很高兴。真没想到，当初爱哭爱怒的小狮子长大了！

五、结语

我想，每一个孩子都会有一个美好的未来！而我们，就要用心用情，做好孩子的引路人，让每一个孩子找到最好的自己，这于我们自己而言，也是一次幸福的成长！

上篇 德育渗透

倾听生命拔节的声音

——成为一个温暖的人

深圳市龙岗区南湾学校　彭子彤

一、案例呈现

一个新手班主任，势必会遇到非常多难以预料的情况和棘手的问题。我们班就有一个女生个性十分鲜明。新接手这个班的时候我便第一时间关注到了她。一头短发的她，很喜欢在校服里面穿上颜色鲜艳的衣服，甚至有点街头文化的味道。上课也总是一副随意的样子，跷着二郎腿，手撑着腮帮，对一切事物似乎都抱持事不关己的态度。有时候作业没有上交，询问原因，她也只是淡淡地甚至还有些理直气壮地说："我忘记写了。"这些我都能够理解，因为处于这样一个年龄阶段，展露个性、以自我为中心是再也正常不过的现象了。但是直到一件事情的发生，我才意识到，不能再放任她这样下去。

年底学校艺术节正如火如荼地开展，我们班代表年级参加学校的歌唱比赛，班上学生都热情高涨。在比赛的前一个星期，我们班学生主动在中午午休时分提前来到班级练习歌词，班长有条不紊地组织班上同学排列队形，音乐老师还帮忙设计了手语，科任老师们也都很积极地配合调课，以便让学生们有足够的时间排练。家长们得知消息后，纷纷积极地购买了荧光棒等演出物品，身为班主任的我也参与到了演出的某个环节。在排练的过程中，看到学生们积极参与的态度和热情洋溢的神情，我感到很欣慰也很感动，这才是真正的班集体的魅力啊，共同为了一个目标而努力奋斗的样子真的太美好了。终于到了正式演出的那一天，我为学生们购买了糖果以鼓舞士气，并一再告诉他们不要紧张，尽情地去享受舞台给他们带来的快乐，对于比赛要抱着重在参与的态度。就这样，学生们精神饱满地登上了舞台，以最好的状态完美呈现了一场演出。正当我们都以为我们班能够拿到第一名时，评委老师却给我发信息说："咱们班中间有一个短发女生，在整场演出过程中，嘴巴里一直在嚼口香糖，还一脸不屑的样子，根本就没有张嘴唱歌。"因为这一点，我们班被扣了印象分，结果只拿到了三等奖。看完消息后，我马上意识到了是那个女生。我整个人非常愤怒，就好像是众人好不容易堆积起来的积木，突然之间被抽走了一根，有瞬间坍塌的感觉。虽然结果不重要，但如果真的是实力问题，我还能跟学生们解释，但却是因为一个人的个人主义，这我确实不能容忍。但我还是遏制住自己内心的怒火，把那位女生找来谈话，她还是一脸淡漠。我跟她讲了整件事情的来龙去脉以及我的心情，她也承认了自己的行为和态度不妥，她解释说小学阶段没有参加过任何集体比赛，认为此次活动也不过是"重在参与"罢了。这件事情的发生让我意识到了这个孩子缺乏共情的能力，个人主义倾向比较严重，不是一个能给予别人温暖的孩子。因为她自己本身也没办法给自己温暖。

二、案例分析

辩证唯物主义认为，任何一种现象都会引起其他现象的产生，任何现象的产生都是由其他现象所引起的。不由其他现象引起的现象是不存在的，孩子冷漠心理的形成也不是偶然的，而是由许多主客观原因造成的，其中最重要的原因还是家庭。俗话说，一个孩子的问题往往来源于家庭。于是我跟这名女生的妈妈深入交谈了一次，得知原来女生的家庭比较传统，女孩在家里并没有受到很好地重视，但性子却极其刚烈而敏感，常常会因为一点小事情而触发其敏感的神经；而另一方面，父母辈与上一辈观念背道而驰，父母意识到了这个问题，便想要加倍弥补女孩心中的不满，对她比较溺爱和娇宠，渐渐使她养成了一切以自我为中心的心理。在家里的表现也是比较骄纵，稍有一点不满意便大发雷霆，到如今父母也拿她没有办法。深入了解了情况之后，我对女孩的行为有了进一步的理解，但是理解并不代表其行为是正确的，我得想办法去帮助她，至少让她懂得感恩以及学会做一个温暖的人。

上篇 德育渗透

三、案例转化

1. 榜样的力量是无穷的

俗话说，榜样的力量是无穷的。值得庆幸的是，我们班是一个氛围比较好的班级，许多学生经常积极主动地为班级做事情，帮助老师减轻负担，比如校运会上，几个积极的学生会自发地搬水到班级营地，自发地清理场地垃圾等等，这些事情都让我有一种很强烈的幸福感。于是我安排了班上最主动积极的暖男和女孩成为同桌。在日常生活中，我观察到暖男在帮助老师发作业时，会顺便拿一沓作业给女孩发，女孩刚开始会推脱给别人，但久而久之也坦然接受，和同桌两人穿梭在课室里发作业，男孩的积极开朗渐渐感染了女孩，女孩好像慢慢变得光亮起来，像一个发热的星球。有一次体育课，她突然冲到办公室，气喘吁吁地跟我说："老师，我们班有个同学做引体向上时摔倒了！"她的眼睛里似乎还噙着泪水，手也在不停地抖动，看得出来她是真的很紧张。等到事情解决之后，她还关心地询问情况怎么样，当时我内心一暖，女孩懂得关心同学了。我摸摸她的头告诉她不用担心，她点点头。也许这就是榜样的力量，这就是班级舆论的力量吧。

2. 组织班集体活动

集体是学生成长的基础和前提条件。学生知识的获得、才能的发现和培养、良好品格的形成以及道德品质的养成都离不开集体；只有处在集体中，才能培养学生良好的群体意识和协作精神，抑制和克服自身的不足。运动会上，我鼓励女生去参加1500米长跑，她思考了片刻，很不情愿地答应了。在她做预备动作的时候，我召集了班上的学生们为她加油鼓劲，其中一个同学还拿了一瓶脉动和一块巧克力，准备在终点送给女生补给能量。开跑了，我和班上学生们扯着嗓子为她呐喊："加油，加油！"当她像风一样从我们眼前飞过时，我隐约感觉到了她脸上的笑意，像是冬日里的一抹暖阳。结束后我问她感觉怎么样，她潇洒地说"还行"，语气虽然平淡却分明有一些暗喜。因为得到了集体的鼓励并且为集体赢得了一枚奖牌，从而增加了她内心的集体荣誉感。

3. 帮助学生与父母建立亲和的关系

家庭是学生接受教育的第一所学校，是学生品德形成和发展的摇篮。父母是他们的第一任老师，教会孩子做人的基本知识，要从家庭做起，这是克服孩子冷漠心理的首要条件。作为班主任，我们应该帮助父母走进孩子的内心，父母不应该只是满足孩子的物质需求，更应该弥补孩子精神上的缺失。像我班上的这个女生，虽然父母对她言听计从，物质上尽可能地满足她，但很容易造成不懂得珍惜的心理，而且她对长辈那些不公正的思想有所不满，所以家长应该对症下药。其次，要激发孩子的感激意识，让孩子学会感恩父母，平时多与父母进行沟通，述说自己的情况，当然父母也要改变自己的沟通模式。我和女孩的父母就此达成了共识，孩子的父母近一段时间对女孩都是就事论事，对其不合理要求给予了拒绝，一开始女孩也会发泄，但是后来意识到自己是在无理取闹，便就此罢休。晚饭时分，一家人也学会坐在一起分享生活、学习、工作上的小细节。一段时间下来，孩子开始学会跟父母进行理性沟通，减少了情绪爆发的次数。

四、效果及反思

在学校和家庭的通力合作之下，小女孩开始学会关心他人，关心班集体，对待父母的态度也有所缓和，渐渐地变成了一个温暖的人。

通过此案例，我们发现其实很多现象的形成都不是偶然的，一定有其必然性。在发现了一些问题时，班主任应该克制自己的情绪，以客观理性的态度去分析其背后原因。而家庭因素是最重要的，老师要多和家长沟通，了解情况，从而有的放矢地解决问题。在班级里也需要营造良好的班级舆论，以良好的班风影响孩子们，做一个有心、用心、留心的班主任。

上篇

德育渗透

唤醒睡"莲"

深圳市龙岗区南湾学校　吴燕芳

一、案例呈现

我班的小莲同学本来是一个活泼开朗、品学兼优的好孩子，上课时总是积极举手，认真思考问题，是同学们学习上的榜样。但最近她的父母离婚了，原本幸福的家庭就这样破碎了，从此小莲和弟弟跟着妈妈生活。小莲的妈妈一边照顾弟弟，一边要工作生活，而小莲的状态也大不如前，开始在班上成为睡"莲"——上课无精打采，常打瞌睡，作业好多次没有按时完成，下课常在座位上发呆或睡觉。

二、案例分析

案例中的小莲之所以从活泼乐观变得郁郁寡欢，究其原因，主要还是父母的感情破裂，在家中多次吵架，这让小莲很苦恼。父母把更多的精力放在他们自己身上，很少顾及小莲的真实感受。根据马斯洛的需要层次理论，小莲在家庭中的爱和归属感严重缺失。据小莲描述，爸爸也时常动手打自己，把对妈妈的气都撒在自己身上，这也时常让小莲想逃离爸爸，再也不想待在这个家里了。而妈妈把更多精力放在年纪较小的弟弟身上，这对于青春期的小莲来说，无疑会感到更加无助。小莲说她多次想跟妈妈袒露心声，但是妈妈一直要陪弟弟，没有时间跟小莲沟通。青春期的孩子很敏感，正处于半幼稚半成人化阶段，其实很需要父母的引导，而小莲找不到父母倾诉，只能把痛苦放在心里。当痛苦得不到宣泄和理解，便不断地困扰着孩子，从而导致孩子学习动力不足，开始变得郁郁寡欢。另一方面，孩子也希望通过自己的异常表现引起父母的注意，从而重获父母的关爱。

鉴于孩子的这种情况，我觉得如果不及时对孩子和孩子的父母进行心理指导，很可能会让小莲内心的抑郁加重，向内攻击自己，不仅学习出现问题，也可能会在身体上伤害自己。为了避免事情发展到无可挽救的地步，我决定向心理老师咨询，开展进一步的工作。

三、案例转化

通过与心理老师的交流，我决定从以下三方面着手帮助小莲。第一方面，倾听小莲的心声，帮助小莲排解情绪；第二方面，利用班干部的力量陪伴小莲，帮助小莲走出阴霾；第三方面，说服家长，让双方当面沟通，助力家庭系统的完善。

1. 倾听小莲的心声，帮助小莲排解情绪

我把小莲叫到办公室，给她倒了一杯水，轻声地对她说："小莲，你家的情况老师都知道了，老师知道你很难受。如果你觉得委屈，你就大声哭出来吧。此时此刻我就是你最好的朋友，我愿意帮助你，帮你分担压力。"

小莲慢慢地低下了头，我看到她的眼眶逐渐湿润了，有一阵子都说不出话来，一直在沉默。我耐心地等待着，终于，她开口了。"老师，谢谢您，在家里我不敢哭，我怕我哭的时候妈妈也会哭，弟弟也会哭。我真的很想用心地完成作业，但是我就是静不下心来。老师我也不知道该怎么办。我突然间觉得我好孤独。我好害怕，好害怕，万一妈妈也不要我了，那我一个人该怎么办呢？我一想到这些，晚上就睡不好觉，白天就没有精神，经常想睡觉。"

她的眼睛里含着泪花，让人忍不住心疼。我轻轻抚摸着她的头，告诉她："你妈妈不会不要你的，我们也不会不要你的。你有妈妈，有弟弟，有老师，还有班上的同学和朋友啊，我们都是你的支柱。只要你需要，我们一直都在。"小莲轻轻地点了点头。

我深知父母离异对一个年仅14岁的女孩子来说是多么大的打击，即便她在班上常常沉默不语，伪装的是那么成熟懂事，但她内心深处仍然是个小

孩，她需要我们的帮助和支持。

为了跟小莲有更多沟通的时间，我陪她一起上学，在上学路上我们一起聊天，聊一些兴趣爱好，有时也会一起哼着歌走到学校。

2. 利用班干部的力量陪伴小莲，帮助小莲走出阴霾

为了能让小莲感受到同学的关爱，我找了班上的班干部开会，一起寻找办法。班干部们非常积极，有的说我们可以一起去做义工，让小莲在帮助别人的过程中体验到生命的意义；有的同学说我们可以轮流给小莲补课，帮助她把这段时间落下的功课补回来，帮助小莲重拾信心；还有的同学说我们可以陪她去看电影，在欢笑中让她变得开心起来……

在班干部的热心帮助下，小莲上课睡觉的频率慢慢减少了，也开始认真听课了，只是下课后时常喜欢一个人发呆，我想该进行最关键的一步了。

3. 说服家长，让双方当面沟通，助力家庭系统的完善

我多次拨打小莲父母的电话，终于把双方约到了学校共同解决问题。我告诉他们这段时间其实小莲都在故作坚强，虽然她在同学们的帮助下已经有所进步，但是在课间的时候，还是时常可以看到她一个人站在角落里发呆，其实小莲还是非常眷恋家庭的温暖的。

小莲的妈妈说："老师，我们都非常爱小莲，但是我们也不知道该怎么做呀。我每天都很忙，也确实没有时间好好照顾小莲，真的是多亏了您和同学们的帮助。"

爱和陪伴应该是注重质量的，不能只是坐在同个屋檐下，更在于真诚的沟通。我建议小莲的妈妈可以在孩子每天晚上睡觉前抽出10分钟，听孩子诉说最近的感受或在学校的一些幸福时光。

小莲的妈妈说道，平时自己光顾着照顾孩子的日常起居，却很少认真倾听孩子的心声，从今天开始会多抽时间跟小莲聊天，让小莲体会到更多的母爱和陪伴。

小莲的父亲说，虽然他和小莲的母亲离了婚，但是对小莲的爱没有改变，只是小莲的母亲害怕小莲的父亲的性格暴躁而拒绝他看望孩子。

我跟小莲的母亲说："其实没有一个父母是不疼爱自己小孩的，孩子也需要父亲和母亲双方的爱，才能够健康成长。作为父母，我们需要做一些事让孩子感受到，即便是爸妈的婚姻关系发生了变化，但是父母对她的爱仍然没有改变，只有这样，孩子才能够快乐地成长。

最后我终于说服了小莲的母亲，让小莲的父亲一个月可以看望小莲和她弟弟一次。

最后，我们把小莲从班上请了过来，她的爸爸妈妈告诉她，尽管他们离婚了，但是他们的爱不会改变，只要小莲需要，他们随时都在，父母永远都是她最有力的支柱。

这个时候，小莲脸上终于绽放出了许久未见的笑容，小莲终于迎来了属于她的春天。

四、效果及反思

1. 效果

从那天起，小莲的妈妈增加了陪伴小莲的时间，周末会带着她和弟弟去游乐场玩。我看到小莲的妈妈发来的照片，照片中小莲和弟弟肩并肩，笑得很开心。

之后，我又跟小莲的妈妈沟通小莲的作息时间，使其保证充足的睡眠。慢慢地，小莲在课上不再睡觉，下课也常常在班上钻研题目，与同学们交流学习。我看到了一朵美丽的"莲花"正在悄然绽放。

教师节到来了，小莲在写给我的信中提道："老师，是您在我最困难的时候觉察到我的情绪，始终陪着我、安慰我、支持我，带着我走出最困难的时刻。老师，我不会辜负您的一番苦心，我一定会好好学习，将来出人头地，好好地报答您！"

2. 反思

小莲最后较好地实现了目标转化，重新获得了开心的生活，这不仅源于老师和家长的共同努力，更离不开小莲本人的努力。正是因为小莲自身有着向上的动力，在这种情况下，我们加以助力，便能使其形成内外合力，从而帮助小莲成功转化。当然，学生的进步并不是一次谈话、一次沟通就能实现

上篇 *德育渗透*

的，需要老师锲而不舍的努力，在自己的工作岗位上全面了解学生、尊重学生，时刻把学生放在心上，体察学生的内心世界，关注他们在学习、生活等方面的健康发展，同情学生的痛苦与不幸，与学生建立起和谐、友爱的师生关系。只有做到这样，老师才能在关键时刻走进孩子心里，真正帮助孩子成长！

有爱，才能心有所属

深圳市龙岗区南湾学校　向香花

一、案例呈现

晚上九点半，电话急促地响起。小平同学的妈妈在电话里泣不成声，她说她刚刚狠狠地责怪了孩子。起因是外婆叫孩子吃饭，孩子正在玩电脑，非但各种不情愿，还对外公外婆恶言相向。妈妈是一个离异的女子，早年历经千辛万苦才得到孩子的抚养权。离异后，考虑到女儿又要上班养家，又要照顾孩子，两头顾不过来，已过古稀之年的外公外婆千里迢迢地跑来照顾这个年幼的外孙，把他像皇帝一样供着，好吃好喝地伺候。可他对长辈不仅没有丝毫的敬重，更不懂感恩。才二年级的孩子就已经沉迷网络，对学习更是敷衍了事。看着头发花白的父母亲每天拄着拐杖接送孩子、买菜做饭、收拾家务，本来就心存愧疚的妈妈终于在儿子的恶言恶语中爆发了。她狠狠地训斥了孩子，然后跟他讲了一晚上的道理，并多次指出他做得不对的地方，希望他能及时改正。安排孩子睡下后，妈妈的心情久久不能平静，我知道其实此刻的妈妈内心比孩子还难受一百倍。虽然因为孩子的麻木冷漠，这位妈妈已经不是第一次给我打电话抱怨了，但是听到电话那头的哭泣声，同为妈妈的我还是不自觉地产生了共情力。我认真安抚了这位孩子的妈妈，并仔细了解了今晚这件事的前因后果，告诉她，现在孩子才上二年级，我们虽然没有太多时间陪伴孩子，但是我们可以给孩子制订相关的家庭和学习规则，平时注意以身作则，做一个知恩感恩的好女儿，爱父母、爱孩子，并抽出时间帮助孩子参与到家庭生活中来，让孩子亲身体验操持一个家庭的不容易，这样才会让他逐渐理解与包容家人，才会让孩子慢慢学会感恩。我也再三强调，会跟她形成统一战线，第二天就会抽时间跟孩子聊聊问题所在。

小平同学虽然在行为习惯上不太让人满意，生活中其实是一个很单纯的孩子。跟班上的男孩子相处得很不错，帮助老师做事时也很热情。第二天我找到他，理论上的非理论上的、听得懂听不懂的道理，我都跟他讲了一遍，他一直低头不语，默默地点头摇头。面对老师，他还是会尊敬；面对昨晚的表现，我知道他是有悔改之心的。只是这个悔改之心能有多彻底，能持续多长时间，我就不得而知了。面对一个8岁的孩子，我突然觉得纯粹的说服教育显得如此苍白。如果想让我的学生心存感恩，单纯的就事论事的教育真的能达到预期效果吗？我的内心逐渐有了一些新的想法。

二、案例分析

家庭背景：父母的离异让小平从小在缺乏父爱的环境中长大，故而他很难体会到一个男人对家庭的责任意味着什么。而妈妈对孩子也是很亏欠的，因为忙于工作，分身乏术，对孩子的教育也一直处于半缺失的状态。现代社会科技发达，面对那么多电子产品的诱惑，自己没有很好地培养孩子正面的兴趣爱好，而是任由其自由发展；在教育上的陪伴时间过少，缺少对孩子规则意识和良好性格的培育。加上当初对抚养权的得之不易，外公外婆倍加珍惜、格外宠爱，对他的生活照顾得过于周到，却在行为习惯的培养上参与甚少。

根据马斯洛的需求层次理论，这是孩子的归属感和安全感极度缺乏而导致的。母亲工作能力极强，每天忙于工作，但因为缺少教育经验，在对孩子的教育中缺少对孩子良好习惯和品德的培养，导致孩子不会感恩，缺乏对长辈应有的尊重，更别提自我实现了。

三、案例转化

这一晚，我想了很多，在低年级孩子的向师性还足够强烈的时候，也许我可以为孩子做点什么。于是我悄悄给自己订下一个目标：培养一个有爱的班级，给孩子灌输爱的教育，让每个孩子都能在班级中找到自己的归属感，得到应有的尊重，创造机会让他们实现自我价值，做到会发现爱、感谢爱、传播爱。

1. 紧抓感恩活动，布置感恩任务

趁着母亲节，又赶上学校"感恩父母"主题月的活动，我跟家委会将班级文化建设布置一新。在教室的一个角落设置了一个感恩栏，在其上画了一个大大的爱心，让学生把想对母亲说的话写在便签条上粘贴上去。我特意将几个写得好的学生的留言拍照发到群里，表扬了他们懂得感恩、懂得回报父母的孝顺之心。同时，我告诉他们，要用自己的行动来表达对父母的感激之情。我每天都布置同样的家庭作业："希望大家回去后能主动帮助爸妈做一件力所能及的家务。"并通过QQ每天了解学生们完成作业的情况。每天上课前几分钟把大家做家务的视频播放给学生们观看。

三天后，终于看见那位妈妈在网上给我留言说："今天小平帮我扫地了！！不过扫得就很糟糕了！"言语之中有掩饰不住的开心。我听了非常高兴，第二天在班级里播放完他扫地的视频后对他进行了大力表彰，让全班同学为他的行为鼓掌，老师将自己希望他能持之以恒的想法进行了传达之后，评他为班级的劳动之星；并将他设为劳动小组长，参与班级劳动工作，与班级荣誉共进退，以此来激发他的主人翁意识，加强他对班级的归属感、给他实现自我的机会。虽然一开始的小组长工作做的并不完美，但是经过几周时间的调教加鼓励，他做的是越来越顺手了，回家扫地拖地的动作也越来越熟练了。

教育已经初见成效，但是我知道，这个教育不是针对小平这个学生个人的，而是针对全班学生的，感恩和爱决不是暂时的，而要持之以恒。

2. 观看"爱"的电影，产生"爱"的共鸣

到了周五下午的和乐课，正好闲来无事，我早早地来到教室，将下载好的《妈妈再爱我一次》播放给孩子们看。为了不让低年级的孩子们走神，达到预期观看效果，我一直守在教室，要求孩子们安静地观看。到了后半部分的时候，班上已经是哭声一片。大声号啕、低声抽泣者不在少数，小平同学也在下面悄悄地抹眼泪。当学生们还沉浸在电影情节中时，我对学生们说："天底下最无私、最伟大的爱，莫过于母爱！相信同学们也被电影里小

上篇 德育渗透

强和妈妈的深厚情感感动了！可是在生活中，老师经常见到母亲对孩子无私奉献，很少见到孩子主动体谅父母、关爱父母！为了向老师证明你们都是懂得感恩的孩子，今天，老师有一项特别的作业布置给大家。希望大家回去以后，抱抱自己的爸妈，跟他们说一声：你们辛苦了，我爱你们！如果你觉得说出来不好意思，就可以写一封信或者制作一张卡片，将感谢的语言写在上面并交给家长。"

周日，接到小平妈妈久违的电话。老师，今天孩子跟我说了"妈妈，你辛苦了！我爱你！"我太开心了！谢谢你，老师！——我不知道小平的这一句感恩的话有多少得感谢电影的催化作用，但是从勇敢地跨出感恩的第一步便能看出，他不是麻木不仁的孩子。

接下来的几周，我趁热打铁，相继给学生们看了《暖春》《长江七号》等电影，催生了不少学生们的眼泪。在直观的电影情节中，让学生们懂得父爱母爱的伟大，同时让他们学会用自己的语言和实际行动去感谢父母。

3. 寓爱于教，感化于无形

《三字经》一直是班级里的国学背诵内容，在这天的国学课上，我专门挑选了《三字经》中的"香九龄能温席，融四岁能让梨"的小故事，让学生们回去查找"黄香和孔融"的小故事，课上讲给大家听，结合课文中的知识告诉学生们"首孝悌"的重要性。班会课上，我跟学生们一起温习了邹越的"感恩父母的演讲"，赚取了学生们不少眼泪；到了感恩节当天，我们以年级为单位开展了"感恩母亲"手工制作活动，学生们绞尽脑汁地为母亲准备了手工制品，虽然做工粗糙，但是家长们的开心溢于言表；我还专门抽了一节课来开展"爱要大声说出来"的演讲活动。在活动中，学生们将父母为自己做的一桩桩、一件件大事小事写成一个个感人的小故事，催人泪下。当我把视频发到班级群里时，家长们给予了热烈的回应。

4. 以身作则，传播爱种

我还不忘以身作则，用自己的实际行动感化学生。我特别注意跟班级学生的相处方式，放低自己的姿态与学生们交流对话，学生们与我的距离瞬间拉近了！下课后常有学生来找我话家常、猜谜语；每当有学生帮我擦黑板、抱作业、收拾讲台时，我都不会忘记真心地跟他们说上一声"谢谢"。同时，有学生生病了，我也会发动同学们主动去关心；大力表扬在学习上主动帮助他人的学生；对遇到困难的学生主动伸出援助之手。

另外，为了让所有学生都能积极参与班级管理，我将班级里的事务细化到每个人，做到人人有事可做，培养他们的责任意识；赶上学校的活动时，一定跟学生们一起出谋划策、彩排演练，尊重每一个学生提出的好的建议，力争让每一个孩子都找到归属感，争当班级的主人。另外，我还会鼓励学生们积极地参与社会实践，拓宽学校感恩教育的范围；通过郊游、参观动植物园等，让他们体会到大自然对人类的恩惠和人类应该与大自然和平共处的原则，从而使他们珍爱生命、感恩大自然，找到自己的价值所在。

四、成效与反思

一天，我身体不适，下午在办公室趴着休息。临放学时，两位女孩悄悄闪进办公室，递给我一张画："老师，送给您！"画上画了一道美丽的彩虹和可爱的太阳公公，地上的小嫩芽刚舒展了两片青绿的花瓣，嫩芽旁边还写着几个稚嫩的字：祝老师身体健康！泪水瞬间湿了我的眼眶。

第二天我一进教室，立刻有几个学生跑上来问："老师，你病好了没？"我高兴地抱着他们，骄傲地说："已经好了，谢谢你们！"

不知什么时候，感恩栏里多了一张小平写给妈妈的感谢信："妈妈，虽然你没有时间陪我，也经常责骂我，但是我知道你爱我。看你那么辛苦，我很心疼，我一定会尽力改正身上的毛病的。"当我把这段话拍给他的妈妈看时，妈妈早已泣不成声。"爱"的教育已经初见成效，但是我知道，如果想让它一直延续下去、扩展开来，我还有很长的路要走。

我和学生有个秘密

深圳龙岗区南湾学校　徐峥娜

一、案例呈现

男孩小刚在我面前忽然蹦出一句："娜姐，我喜欢男的。"我顿住了，竟不知道该如何作答。究竟发生了什么事情呢？这还得从头说起。

一周前，康康跑来找我，要求换座位，理由是和同桌相处不睦。七年级的孩子嘛，原本就是晴一阵雨一阵的，我没太在意，嘱咐了两句，便打发走了他。一周后，康康又来找我，还是要求换座位。这一次我没敢大意，追问之下康康深呼了一口气，开了腔："娜姐，小刚他最近怪怪的，喜欢开一些很不好的玩笑，还会做一些让我很困扰的行为。"我忽然意识到事态的严重性，示意他安静，幸好办公室里没有人。我允准了他的请求，嘱咐他不要随便议论同学，随后我约来小刚，于是有了开头的对话。

"娜姐，我就喜欢和男生在一起，看见女生就烦躁厌恶。他们说这是不正常的表现，我该怎么办啊？！"小刚望着我的眼神中充满了焦虑、不安、无助和纠结。而对于性别的认识如果没有处理好，将会在孩子的心中埋下沉重的心理负担，甚至会影响他的一生。作为一个接触过心理学的班主任，我知道此时此刻处理小刚的情绪最重要，但是——同性恋问题，这对于我而言似乎太专业了些。我告诉小刚别担心，娜姐一定帮助他，也请他注意不要再做出让同学困扰的行为了。送走了小刚，我开始求助资深班主任、心理老师等，翻阅各种资料，希望能够找到解决方法。大家也建议我应该先了解一下小刚的家庭情况。

对于小刚在学校的情况，我也开始有意地多加关注。整体来说，他是个自我防御意识十分强的孩子，能够成为他朋友的人实在不多。大部分时间，他都刻意地和同学们保持距离，面对老师的时候也可以深刻感受到他的焦虑。有时候只是简单地和他聊个天，如"最近学习怎么样？数学听不听得懂"等也可以感受到他因为呼吸急促而变得紧张的情绪，还有那因为用力过猛而指节泛白的行为。

最严重的是，我感觉他对女同学有一种莫名的敌意，包括我自己，都是经过很长的时间才能够稍微走近他的。

记得刚接手小刚这个年级的时候，第一个月里，我平均一个星期就要给他换一个新的女同桌。他常常因为一些很小的事情，比如女生的手"越界"了，女生拿错了他的作业本，而大发雷霆。最严重的时候，因为争辩不过女生，直接就踹了女生。直到给他换了新同桌康康——一个阳光热心的男生，他才显得相对稳定。

康康是个自来熟的男生，对于小刚没有大多数孩子的"偏见"，更重要的是康康可以看到他人身上的优点。这样的好习惯，让他可以很好地包容小刚，很快两个孩子就有了不错的友谊。然而，好景不长，就闹了这么一出，对于我而言也确实是个不小的挑战。

二、案例分析

在家访前，我先仔细地梳理了一下小刚留给我的印象。小刚平时在学校虽然有些淘气，有时候显得叛逆，对于老师给出的一些批评常常不能虚心接受。但是大体而言，他还是一个十分不错的孩子；平时和男生处得不错，运动会的时候还拿了长跑冠军，获得了不少掌声。通过这次的事情，我才更加意识到，小刚平时在学校基本不和女生沟通，有时候还会表现出对女生的"敌对"情绪和行为。

每个孩子都是一个洋葱，你不知道剥到第几层，它会让你潸然泪下。虽然我一直知道小刚是单亲家庭长大的孩子，但是经过这次仔细的家访后，我才知道原来小刚尚在襁褓的时候，他的妈妈就离开了他们父子俩。为了养大小刚，文化水平不高的爸爸为了生计一天最少打两份工，常常无暇顾及小刚

上篇 德育渗透

的生活和学习，性格也因此变得十分孤僻和暴躁，还时常在小刚面前说他妈妈的坏话。我也是在单亲环境中长大的，亲人之间的这种伤害对于未成年人有多大的伤害，我懂。而当我得知小刚从小学一年级开始就自己做饭、洗衣服照顾自己后，对他成长不易的心疼在我内心慢慢弥散。

从精神分析的角度来看，童年的创伤可能会暂时被掩盖或者是被干扰，但是它会在后期的行为中慢慢以不同的方式显现出来。从对小刚成长情况的了解来看，在他的成长过程中，妈妈的缺席对于他而言就是一个不小的创伤。而爸爸工作忙，疏于对他的关心更加剧了孩子性格和表达沟通能力的正常发展。最致命的是，小刚爸爸常常在孩子面前负向评价妈妈，这对于孩子正确认知异性是一个很大的误导。

而七年级对于刚刚从小学进入到初中的学生而言，无论从时间到空间都是充满挑战的。青春期的快速发育，让学生们的探索欲急剧膨胀，同时也变得更加敏感。而对于网络的接触，以及这个年纪的孩子习惯性的以讹传讹，更会让孩子对于自我认识出现偏差和误解。虽然康康自称为"同性恋"，但是我观察到的他，更像是因为不适应新环境而出现了对于熟悉的人的一种依赖。

三、案例转化

结合小刚的成长环境和父亲的教养方式，我翻阅了大量的书籍，在和心理老师等同事商量讨论后，我预设了几种方案。我又约来了小刚，这一次我们要解决问题。我让小刚坐在我的旁边，让他相信老师，无论他是不是同性恋都不是他的错，他都是独一无二的存在。然后我们一起翻开我整理的文献和读书笔记，在查看资料的过程中，我故意离他很近，观察他的反应。确认小刚并没有反感我的靠近之后，我指出其中一句——同性恋和同性依恋最大的区别就是，同性恋会排斥异性的靠近，而所谓同性依恋指的是14到18岁的未成年人在成长过程中由于遭受重大刺激而引起的异性认知障碍。小刚亲近同性的行为，一方面是因为他的父亲，另一方面是因为他渴望关爱。小刚紧锁的眉头开始慢慢舒展。

解决完小刚的情绪问题，我开始寻求家校合作。我向小刚爸爸简单阐述了小刚的情况，老父亲在电话那头自责的哭声，让我五味杂陈。是啊，家也会伤人，好在伤害是暂时的，而温暖却可以很久。我告诉小刚的爸爸，孩子在青春期需要得到爸爸的关心，同时大人之间的纠纷可以尝试只在大人的世界里解决。一个未成年的孩子，需要一个和谐的成长环境，不论是生活环境还是语言环境都是如此。考虑到小刚的妈妈就在深圳，因许多年未见，小刚其实对于妈妈也充满了思念，所以我建议可以尝试每周或者每两周让小刚和妈妈一起过一个周末。

情绪需要处理，也可以被正面情绪所感染。我又给小刚找了个乐观开朗的女同桌，希望通过同伴效应，让他有所改善。可以看到，小刚略显阴郁的性格慢慢地明朗起来，也学会了正确地和异性相处。上学期末，他们同桌俩代表小组表演的新年小品可是获得了满堂喝彩。

鉴于小刚不错的体育天赋，我在班上专门设置了"运动督促员"一职，让他在放学后或者周末和一些体育不太好的孩子一起运动，学会和同性之间的良好相处。

更重要的是，要不断尝试转化小刚的认知，让他对于自己的情况有一个相对健康科学的认识。人因为无知而畏惧，因为了解而内心坦然。所以，我不断尝试向小刚输入"我是一个正常的孩子，我只是因为不善于沟通，对于自己的朋友有所依赖。我会学着控制好的行为，不要给别人带来困扰"的理念。同时，在生活中，不断地对他进行一些沟通能力和技巧的培养，比如如何学会信任他人，比如当自己和他人意见相左的时候，如何和善而坚定地表达自己，比如和他一起通过正面管教的方式教会他愤怒的时候应该如何自处。

四、效果及反思

1. 效果

后来，虽然小刚有时还是会淘气得让我头疼，却再也没有因为这件事而困扰我。我也和小刚约定，要把这件事情变成他和我之间的秘密。而通过这件事，我也掌握了许多自己不曾知道的知识。每个人的成长都会遭遇迷茫，每个焦躁的灵魂都需要被安抚。感谢你，我的学生，感谢你的信任，让我牵着你的手，无关左右，一路向前。这是你的成长，但这何尝不是我的成长！

上篇 德育渗透

对于小刚而言，在这个过程中，他学会了最重要的几项技能。

（1）学会表达自我和情绪处理。虽然后来还是出现过几次情绪失控的情况，但是和之前相比有很大进步。比如经过同学的提醒后，他能够开始尝试沟通和表达，而不是简单地付诸拳头。感觉自己控制不了的时候，他也会尝试找一个角落独处，并进行自我调整。

（2）学会和异性相对正常地相处。都说父母是孩子最重要的榜样，随着小刚的爸爸的言行改善，小刚的认知当中对于女生也没有那么排斥了，知道要和同学和平相处，特别是对于女生更不能随便动手。

（3）找到了自己的方向。小刚在体育方面的优势，随着老师不断地鼓励和自身不断地尝试，慢慢给他带来了成就感，而这对于他自信心的建立有很好的促进作用。慢慢地，他也没有那么敏感和激进了，开始学会从对方的角度考虑问题了。

2. 反思

透过小刚的案例，我的感触可以总结为以下几点。

（1）尊重个体、关爱孩子。要记得的是没有问题学生，只有学生的问题行为。不管孩子们目前出现的状况在我们看来是多么的不可思议、难以理解，我们首先要记住，他们是需要被尊重和疼爱的人，不要妄加评论、恶意猜测，要学会从孩子的角度去面对与思考问题，更要学会从学生的角度去解决问题。一定要认真思考什么是学生真正需要的，什么对于学生的终身成长而言是有益处的。

（2）家校合作，追根溯源。孩子的问题基本上都可以理解为成长环境的问题，可能是父母行为模式的延续，可能是因为父母疏于关爱而求关注的跳脱，可能是家庭不良关系的恶果。不管是哪一种，改善家庭环境才是真正的治本，才有可能改善孩子的行为。而这个世界上原本就没有天生会做家长的父母，一个真正能够为孩子成长助力的家长一定要经过不断地学习。所以作为老师，我们一方面要给家长树立"家长好好学习，孩子天天向上"的信念，一方面也要及时给予他们技术和知识层面的支持。

（3）成功体验，环境支持。对于一个未成年的孩子来说，虽然他们不可避免地会受到原生家庭的各种影响，但最重要的是自己要有成功的体验，从而获得自信，获得进一步走下去的动力。作为教师，我们要学会发掘孩子身上的优点，建立良好的班级环境，辅助孩子成长。特别是对于青春期的孩子，因为这是他们性格和价值观形成的重要时期，家长和老师需要共同认真对待。

每一朵花都有属于自己的花期。作为教育者，我们要学会有耐心、有爱心，培土、除虫、施肥、修枝，每一个环节都要有科学的态度和方法。然后把一切交给时间，静待花开。

耐住性子做好三四月的事，八九月自会有答案。

愿每一分努力，都淡定自如。

上篇 德育渗透

让教育充满爱和智慧

——做智慧型教师

深圳市龙岗区信义实验小学　谢青春

一、案例呈现

我现在任教的四年级班上有一名学生，总是不停地出状况，违反纪律更是家常便饭。

首先，他经常不完成作业，在学校让他补做也是各种逃避，而且从不会主动记笔记，成绩很不理想；其次他不尊重家长和老师，喜欢顶嘴；然后上课不能像其他同学那样坐端正，要么背靠椅子很随性地坐着，要么一直摆弄他的学习工具；做操也是出各种状况，喜欢讲话、喜欢做一些奇形怪状的动作，每次都要老师特意站在旁边他才会有所收敛；再者，打扫教室时如果没有老师看着，他就会乱跑或者拿着卫生工具乱挥，很容易伤到别人；最后，课间喜欢追跑，已经把隔壁班的同学撞伤了好几回。总之，有一大堆坏习惯，简直处处让人不顺眼，几乎一言一行都需要纠正。

再看这个同学的家庭，父母工作比较忙，文化水平比较低，双方对于教育的分歧大。家中还有一个比较小的弟弟，这个孩子和他的弟弟平时基本都是老人在管，而老人的精力主要在弟弟身上，对于这个孩子的关注就可想而知了。据家长反映，孩子在家的表现也不理想，跟在学校一样，经常叫不动他，非得很严肃并且反复说他才会有所行动。

二、案例分析

在心理学B证培训课上，我学习了很多关于学生心理的理论，其间还拜读了王晓春老师的《做一个专业的班主任》和《问题学生诊疗手册》这两本书，里面囊括了班主任日常管理工作的方方面面，尤其是《问题学生诊疗手册》这本书中关于问题学生的介绍特别具体、专业。

这本书将问题生分为行为习惯型、厌学型、心理型、品德型和"好学生"型这五类。这五类学生各有各的特点，比如行为习惯型问题生的问题突出表现在行为习惯方面，对班级纪律有破坏性，学生会不停地出状况，而且屡教不改，这种问题生给老师的直观感受是"赖"。厌学型问题生突出表现在厌倦学习，除了学习习惯之外，其他方面的表现都还可以，只是死活不学，给老师的感受是一个字"怠"。心理型问题生突出表现在个性方面，其言行大大偏离正轨，常常让人感觉不可思议，给老师的感受是"怪"。品德型问题生突出表现在品德方面总是冒坏水，让人感觉其价值观、人生观明显偏离正轨，给老师的感觉是"坏"。"好学生"型问题生各方面表现都很好，可是会突然出状况，而且一出事就是大事，给老师的感觉是"骇"。

这位学生就属于典型的行为习惯型问题生。行为习惯型问题生出现的原因主要是家庭教育方式有问题。这类学生往往没有规则意识，他们很多都是由隔辈人带大的，都是被百般溺爱、千般纵容的。老人只知道讨孩子喜欢，完全不给他定什么规则，结果孩子形成了这样那样的坏毛病。他们在家中唯我独尊、唯我独宠，到学校就显得格格不入了。

看完《问题学生诊疗手册》后，我找到了更多的理论依据来解释孩子的行为，并找到了更多的方法来处理孩子的问题。比如书中提到，教师容易误以为这些学生是成心捣乱，其实不然，他们主要还是控制不住自己。这一点我很有感触，这个学生因为违反纪律被我严肃批评，有时会顶嘴辩驳，从他的眼神中我感受到了无辜。

书中还提到，教育行为习惯型问题生，切忌"眉毛胡子一把抓"，这样不但会累死老师，而且会激起对方的反抗意识，他们会认为老师是成心找碴。

"往事不堪回首"，以前我确实做过这样的"错事"。每当这个孩子违

上篇 德育渗透

· 145 ·

反纪律，表现出和别人不一样的行为时，我就火冒三丈，狠狠地批评他，有时还会出言不逊："上一节课才刚被我批评，怎么又这样？你到底有没有听啊？再这样你就坐到最后面的位置上去。"话音刚落，这个学生就会直接站起来，很生气地说："去就去，我不学都可以。"看，由于我的认知不对，结果把事情弄得越来越糟。

三、案例转化

1. 相信每个孩子都是有"花期"的，教师要做的就是"静待花开"

几次交锋下来，他就如铜墙铁壁一样，让我找不到转化他的切入点。在我困顿之时，有一次课间我留在教室，发现这个孩子拿着自创的"火箭"玩具和其他孩子玩得不亦乐乎，笑得和花儿一样灿烂。我静静地一边观察一边思考：为什么他和我之前认识的判若两人？看得出来这时的他找到了真正的自我价值。我悄悄地走过去，问道："这是谁制作的？做得还像模像样的？"那孩子非常自豪地说："是我！""我敢说班上没人能做出这么逼真又好玩的'火箭'玩具，好好钻研，说不定哪一天你能制作出一架真正的火箭来，别让我失望哦。"他笑逐颜开，非常得意。我没有因为他是班上的"捣乱王"而跟他站在对立面，而是及时地找到了表扬他的契机，毫不吝啬地赞美他。同时我也悟出了一点：如果多找些他喜欢做的事情让他做，他是不是就少闹腾一会了呢？

2. 拿"照妖镜"帮助其塑造正确行为

"冰冻三尺，非一日之寒"，对于他的行为习惯问题，仅靠正面激励哪有那么容易改过来？因此我还想出了一招，用手机趁他不注意的时候拍下他的各种怪异行为，让他自己看，然后告诉他："现在你是自己在看，可是当初你如此听讲的时候，老师和同学们都在像看'怪物'一样看着你。"

3. 指导家庭教育

著名的教育家苏霍姆林斯基说过："只有创造一个教育人的环境，教育才能收到预期的效果。"行为习惯问题的根源在家庭，因此要推动家校合作，为学生创建美好的家校氛围。

我做的第一件事就是让家长认识到自己的失误很大，必须下决心改正。

在和家长几次面对面交谈的过程中，不可否认的是家长在思想上真的转变了很多，刚开始家长的认识是偏颇的，他们会觉得老师管好孩子就没有问题了。他们是这样说的："我在家都经常说他，孩子就怕严厉的老师，老师您管严一点。"针对这种情况，我也非常明确地告诉家长孩子的问题表现及其严重性，其根源在家庭教育方式上。同时让家长意识到，光靠学校是无法对其进行矫正的，为了孩子的前途，家长必须配合。

具体做法是与家长一起选一两件事，制订出规则，坚决要求孩子遵守，如果做不到，就要适当惩罚。家长一定要坚定、坚持，而且要有耐心，只有这样，孩子才有可能形成规则意识。

在潜移默化的影响下，学生的行为有了一点点进步，虽然偶尔他还会出"幺蛾子"，但是我相信没有哪一种教育方式是可以立竿见影的，都是需要时间的，都是"润物细无声"的过程。

四、效果及反思

通过这个案例，我更清楚地认识到，一定要懂得教育原理和心理学知识，以便更好地洞察学生的心理，做到精准地发现和智慧地解决问题。而教育智慧需要不断积累，让我们不断学习、不断实践，做一个智慧型教师。

上篇 德育渗透

讲故事的魅力

深圳市龙岗区园山实验学校 杨 姗

　　每次暑期临近结束时，就会有家长问会不会跟班上。当我说跟的时候，家长总是一阵欣喜。从家长的角度看，熟悉的老师会比新接手的老师好一些。虽然熟悉，可物极必反，正是因为熟悉才容易陷入循环怪圈。彼此太过了解，已经没有新鲜感。我想，没有流动的活水注入，接下来的一年将是一坛充满酸臭味的水，这对学生来说必是一场悲剧。于是，我在暑假里阅读班主任书籍，想方设法汲取他人之长，提升自己的班主任管理技能；并结合自己的班级特点进行创新，希望与同学们共同创设不一样的班级。

　　暑期阅读的两本专业书籍分别是《班主任工作漫谈》和《班主任管理创意》。这两本书刷新了我对班主任工作的认识，惊叹于魏书生老师对班主任角色把控得游刃有余，赞叹于当前许多班主任在工作中使用的管理小窍门。其中，让我的观念转变最大的是关于讲故事的能力。

　　当前是快餐文化的微时代，在互联网、自媒体的影响下，人们已经习惯了快速阅读微信息。几年前，微信刚刚兴起的时候，有一个网络词语非常流行——"鸡汤文"，以此概括那些专讲道理、抚慰心灵的散文。在一篇篇"鸡汤文"重复传递的过程中，人们会慢慢发现自己对"鸡汤文"越来越反感，越来越没有耐心好好去汲取其中所蕴含的"营养"，没法认识，更别说补充了。这让我联想到我们的学生。作为班主任，我们每天跟孩子们讲各种道理，安全、学习、责任……当我们习惯用口头语言重复去传递的时候，其实这就相当于微信里转了一遍又一遍的"鸡汤文"。既此成人已经对"鸡汤"不感兴趣了，又何苦要求我们的孩子仔细去读、去听呢？孩子们的耳朵里整天充斥着父母和老师不停地说教，周而复始，一定会开始建立自己的"金钟罩"了吧？接收不到信息，就不可能转化为自己的意志和行动。在当前的时代背景下，人们已经不愿意再触碰"鸡汤"了，而更愿意听故事。就像在教育我们的孩子的过程中，简单讲道理已然过时，故事才是孩子们的兴趣所在。

接下来的一年，我希望多给孩子们讲故事，让他们的小脑袋在一个又一个故事中去思考，摸索出属于自己的"鸡汤"。讲故事必须有素材，除了亲身经历，我还在书中寻找间接经验。利用假期，我积累了书中的一些小故事，并做好分类，方便讲给孩子们听。开学第一天，我便讲起了故事……

第一天早上见到学生们，发现他们既兴奋又羞涩。因为早上的时间充裕，我琢磨着给孩子们讲点什么。于是，把暑期在广东边远地区郁南县助学走访的经历分享给大家。挑了几个典型的案例，有勤奋苦学的高中生，有与生活抗争的中专生，还有与他们年龄相仿的小学生。结合PPT的展示，我把走访过程中的种种细节一一进行了讲述。"爱笑的男孩跟我说以后要当医生，大眼睛姑娘又害怕又渴望回到校园的纠结思绪，文静的小姐姐以后要当个银行家赚大钱……"当学生们听到在遥远的地方，还有这么一些人陷于生存的折磨、陷于无书读的苦恼时，大家都一副若有所思的样子。从他们安静聆听的神情中，我知道他们正在思索什么。这样宁静的画面，在开学第一天难能可贵。同学们两个月没见，必有许多说不完的事、数不清的快乐想要分享。然而，正是这些真实故事，让学生们暂时忘却其他，并让自己的大脑迅速进入思考状态。此时此刻，只需静静思索，还需再多说什么呢？

我的故事讲完后，停留了几分钟。这几分钟留给学生们，让他们把刚刚听到的在脑中整理成自己的"鸡汤"，再通过自己的语言传递给别人。有的说："我知道了我们的学习条件非常好，我们应该好好珍惜。"有的说："我们应该感恩父母，给我们创造了良好的生活条件。"有的说："山里边的小孩需要我们的帮助。"通过一个个学生的收获感言，我想，这就是故事的魅力所在吧。他们的"懂"不仅仅是口头上的"懂"，而是一次心灵的触碰，抓住了老师真正想要传递的信息。当孩子们在以后的日子里无意间想起

上篇 德育渗透

这些真实的故事时，在他们的小小心灵里又会留下一点思考的痕迹。就这样，开学第一天，没有严格的规矩要求，没有繁杂的琐事提醒，我给学生们分享了一道丰富的精神食粮，以充盈他们的大脑，并且让学生们对熟悉的杨老师刮目相看。

讲故事的魅力，已经让我尝到了甜头。精彩的故事不但能让孩子们安安静静地聆听，达到强化纪律的效果，还能激发孩子们的思考，使其产生共鸣，最后外化为自己的行动。这样的方式远比简单说教能达到的效果更好、更舒心。因此，在讲故事的路上，我还应该丰富自己的经历，多阅读，多汲取他人的故事，如此才能拥有丰富的素材，以便随时随地给我的孩子们讲故事。

德育故事

——寻找真实的他

深圳市龙岗区园山实验学校　杨　姗

一、案例呈现

他是一个酷酷的四年级男生。说他酷，是因为他平时不爱说话，表情总是冷冷的，看上去似乎很内向。不过，他可是班上有名的"小调皮"。总喜欢在课桌底下钻来钻去，或者藏到柜子里面，强迫你跟他玩捉迷藏。偶尔做一些违反纪律的事情，比如上课藏到厕所去、不按时完成作业、跟同学打闹等。久而久之，他慢慢变成了其他同学眼中不爱学习的"捣蛋鬼"。学习上，作为班主任的我也总是收到科任老师对该生的投诉，如在课堂上离开座位、发出声音，考试成绩拖后腿之类。刚开始，私下找男孩谈话，也许能好一两天。后来谈话基本不管用了。之后请他的妈妈到学校沟通，沟通几次后他也就习惯了，依然如此。每天与学生的交流，就是在催交作业、谈话中度过。慢慢地，我对这个学生的教育问题产生了焦虑。该怎么办呢？教育问题学生之所以不能奏效，主要是因为没有"对症下药"，还没有找到真正的原因就"用药"，自然是没有效果的。于是，我开启了寻找"真实的他"的路程。

二、案例分析

案例中的孩子父母离异，与弟弟两人跟着妈妈一起生活。妈妈忙于工作，时常会忽略孩子的情感需求。生活上也常常"被迫独立"，放学回到家没有父母的嘘寒问暖，没有热气腾腾的饭菜，往往只能自己将就着吃点。同时，作为哥哥，他也经常被身边的人拿来与较为乖巧的弟弟进行比较，因此，与弟弟的相处也存在问题。在这样的家庭环境中成长，结合在校的行为表现，他应该是缺乏关爱，想要以此寻求更多的关注，属于缺爱心理导致行为习惯问题的学生。另外，他的妈妈工作时间长，对他的陪伴太少。他每天放学回家后要么是自由地在家玩游戏，要么就是在外面玩到天黑。妈妈与他的沟通方式也不恰当，母子之间经常会发生矛盾，争吵、锁门、不回家的现象偶有发生。每当与妈妈发生矛盾时，他第二天在学校的表现就会出现异常。

孩子的学习基础较差，随着知识深度的增加，他越学越觉得难，最后基本表现出放弃学习的状态。所以，他从老师处得到的反馈往往是不如意的。这就导致他的自卑心理愈加严重，在学校也没有存在感，干脆自我放弃了。孩子对画画感兴趣，栩栩如生的画作慢慢在班级同学中传开，但也仅仅是在同学中，在学校没有获得一个尽可能展示自己特长的机会。久而久之，同学们都会对他产生成绩较差的印象。他在班级里也越来越不愿意表达自己，这便造就了初见他时的"酷"。

三、案例转化

在与孩子相处的过程中，我开始有意识地去观察孩子。寻求关注的孩子不正需要得到他人的关注吗？那就从我开始吧！

首先，做孩子的"发现者"。我们经常要求家长蹲下来与孩子沟通。这个蹲下来不只是动作上，也指的心理上，只有让孩子信任你，才能真正了解孩子。在一次次师生谈话中，我发现了他身上的一个优点：他从不说谎。有一次，他没有完成作业。我轻声地问了一句："孩子，明天补完，好吗？"他点点头。第二天，当我满怀期待地问他要作业时，他是一脸麻木的表情，冷冷地说了一句："没补。"当时，我心里确实不是滋味，本想好好说教一番，但又发觉这是个敢于承担的孩子呀！在一次次师生谈话后的失败教训中，我转变了想法：蹲下来，和他站在一起！于是，我故意学着与他关系最好的小伙伴的神情，噘起嘴巴，耷拉着脸，用怨愤的口吻说："你不讲义气啊，说好的补完却没有完成，我真伤心。"孩子抬起头一脸愕然地看着我。他可能从没见过老师的这一面吧。那种表情，冷酷中带点惊讶。顿时，我心中窃喜，因为孩子"上当"了。于是我接着说："你应该是一个很讲义气的孩子，对吧？"孩子只是默默地点点头。第三天，在一大堆作业本中，我发现了他的作业，他不仅补完了前面落下的作业，而且写得非常工整。在初次尝试之后，每一次与他谈话的开头，我都会说："你是一个很讲义气的孩子。"渐渐地，我们似乎成了"江湖兄弟"，开始相惜相知。在往后的相处中，孩子哪怕总是控制不住地犯小错误，但只要是他答应的事情，就一定能做到，而一旦他认为自己做不到就不会答应我的要求。这是多么优秀的品质呀！

其次，做孩子的"创造者"。由于幼时父母离异，孩子得到的父爱有限，说话时声音较小，在同学面前较为自卑。从同学们的口中得知他画画很棒，我便有意无意地在全班乃至全校面前展示他的特长。请美术老师特别留意他的画并给予指点，推荐他到学校美术社团学习，鼓励他承担班级的黑板报，在班会课上展示他的画等，创造机会让他在学校找到自己的存在感，同时也让其他同学慢慢改变对他的印象。一次单元作文，他正好有合适的生活素材，写得真实又感人。抓住这个契机，我大肆在全班同学面前表扬他："看！他的作文是全班写得最好的，我要读给大家听，还要贴到后面的作业展示墙上，让大家欣赏。"同学们都感到很不可思议，开始对他刮目相看。这个酷酷的小男生，也逐渐展现出他作为孩子本有的可爱模样。

再次，做孩子的"连接者"。作为班主任，我们要创造良好的班风，为同学们营造健康向上的班级环境，这就要在几十位同学中充当桥梁的作用，做同学们矛盾时的"润滑剂"，沟通时的"传话筒"。连接几十位同学很重要，连接学生与家长也很重要。他的妈妈一个人带两个孩子，工作也比较忙，因此，对他的教育往往心有余而力不足。每次沟通的时候，妈妈都说会改变与孩子的沟通方式，多些陪伴。但往往一回归生活，母子俩的矛盾仍旧存在，都是因为陪伴少，让孩子伤心了。而我在孩子每次行为异常的时候，都会打电话向他妈妈了解母子冲突的情形。然后，尝试与孩子沟通妈妈的真实想法，同时也把孩子的内心感受传达给妈妈。无须赘述，他的妈妈在第二天便会发条信息告诉我他们和好了。有一天孩子请假，那天下午课间接到孩子的妈妈的电话，她非常着急地跟我说孩子把自己锁在家里，怎么叫都不肯开门。孩子的妈妈没办法了，只能打电话向我求助，能不能想办法先让他开门。上完课后，我急匆匆地赶到他家，只看到妈妈在门外焦急地跺脚。了解了事情原委，原来今天早上母子因为网络游戏发生了争吵，孩子干脆不上学了。我轻轻地敲门，告诉他我是杨老师，请他先把门打开，我们坐下慢慢聊。他挣扎了一会儿后打开了门。三个人，一间窄小的出租屋。聊孩子最近的画、做的手工、与同学的相处，不经意间引导到网络游戏的危害，以及对未来的展望上。最后，小小的空间里响起了欢笑声。

四、效果与反思

每个孩子都是一个独特的生命体，成功的教育应该不是让孩子都变成标准的好学生模样。对这个孩子的教育也许没有取得立竿见影的效果，他有时还是会不交作业，偶尔还是会违反纪律。但是孩子在班上的笑容多了起来，话也多了起来，也更愿意打开心扉和我沟通了，不再是那个"酷酷"的模样。反过来，这个孩子也给我上了一堂生动的"德育课"，面对问题学生，找到背后的真正原因，才是教育的第一步。要时刻谨记，欲速则不达，要先寻找"真实的他"。小学毕业后，他的妈妈为他联系到了河南的武术学校。虽然远离母亲，但是每天的学习很充实。后来他还发QQ信息告诉我，他跟同学一起登上了央视春节联欢晚会表演武术节目，我真是为他感到欣喜呀！

沟通理解关爱，心理和谐健康
——生本理念下心理健康教育案例分析

深圳实验承翰学校　许正千

一、案例呈现

苏同学是我们班的一位普通学生。他是一个比较内向的人，不太爱与同学交流，更不喜欢与人沟通和玩耍，有些沉默寡言，因此在班里只喜欢跟刘同学一个人玩。在学习中他经常出现以下情况。

（1）平时作业错的比较多或者没有考好的时候，会做出一些偏激的行为。

（2）跟同学相处，很容易误认为同学们不喜欢他或看不起他，可能会去踢同学。（目前发生过2~3次）

（3）在学校想到一些不开心的事，就会很忧郁，不想和任何人交流，更不愿说一句话。老师和同学们一起哄他，他也不太搭理。中午午餐时间，出现不开心或哭鼻子、抹眼泪、不说话的频率高。

（4）因为只有刘同学一个好朋友，当刘同学跟其他同学玩时，苏同学就会不开心，觉得刘同学不喜欢自己，不跟自己玩了。

这就是我观察到的苏同学的大致情况。

二、案例分析

根据学生的大致情况，我分析了以下可能导致他性格偏激的原因。

1. 学生本身的因素

因每个人的心理素质不同，心理承受压力也不同，在面对同一困难时，

上篇 德育渗透

每个人受到的打击往往是不同的，所以有的人会产生心理障碍，而有的人却没有。根据以往的调查可以发现：有心理障碍的学生中间，大多数学生的性格是比较内向的，并且情绪不稳定，性格上属于抑郁质类型。学生性格上的缺陷往往表现为比较自卑，内向不活跃，心胸狭窄，易抑郁，多愁善感又不易表达，这样的人对于新环境的适应能力很差。

2. 家庭因素

根据一些心理研究发现，家庭环境对学生的个性会有巨大的影响，进而影响学生的心理健康。在家庭美满、家庭成员和谐相处的情况下，家庭成员的幸福指数往往会很高，对成员们的心理健康也会有很大帮助。而那些父母离异的家庭往往会影响子女的心理发展，如果学生的家庭环境过于严格与低迷，那么在这种环境下长大的孩子，由于缺少关爱，往往胆小内向，不易近人；如果家庭环境过于开放，则会导致孩子过于任性无理，性格骄纵顽皮，当离开家庭后生活便无法自理，遇到困难时心理易崩溃，从而导致心理障碍。

3. 社会因素

进入学校，也意味着学生首次踏入校园小社会，学校的环境会对他们的心理产生很大的影响。随着我国社会结构的组成、生活方式的改变与道德观念行为方式的转化，社会上出现的经济主义、享乐主义和极端主义三者都在一定程度上冲击着学生的心理防线；大多数学校的目标是分数至上和精英至上，这些情况都压抑着学生的心灵，致使学生产生逆反心理；鱼龙混杂的媒体、杂志内容和网络上的各种信息，让学生在"耳濡目染"的环境中会逐渐形成不健康的心灵，不利于学生的健康成长。

三、案例转化

针对苏同学学习中所面临的问题，我及时对他进行了校园心理危机的识别与干预。苏同学的行为明显属于情绪类型里的自责型和发泄型。庆幸的是，当我和他聊天时，若多问几句，他就会对我敞开心扉。我提醒他要多和其他小伙伴们相处，表达自己的想法与观点，融入班集体的学习生活中；提醒他考试成绩的好坏并不重要，重要的是学习的过程与状态，只要努力了，在接下来的学习生涯中总会绽放出别样的光彩。交谈中，他也能认识到自己行为的不妥，但是，只要考试一没考好，他就又会出现状况。基于这种反复，我邀请心理老师和家长都参与其中，一边及时舒缓他的心理压力，一边鼓励他积极面对困难、战胜困难。同时，我还和孩子进行书信往来，了解他的内心世界，参加他的生日活动，送他书籍，逐步走进他的内心。

同时，在心理课程设计中，身为教师的我本着心理健康教育的特点、方法与原则，经过一系列的课程设计后，主动在课堂上对学生讲述心理健康的重要性和怎样解决学生面临的心理健康疾病，并积极地与学生沟通，达成共识，学生有生活和学习方面的问题时可以主动与我沟通，我也会圆满解决学生的问题。学生出现心理问题时，老师要及时开导学生，这就要求老师密切关注学生；在学生因遇到事情不自信的时候要多多鼓励学生，给学生精神上的帮助。

四、效果及反思

经过我们的不懈努力，苏同学已经逐渐愿意开始接纳其他同学，大声哭泣的次数也有所减少。

在教育过程中，老师应该通过自己的爱心与耐心取得学生对我们的信任，不能总摆出一副高高在上、不易近人的样子；要成为学生的朋友，既是严师，也是益友。只有虚心听取学生们的意见与看法，才能获取他们的信任；通过与学生的交流与沟通，打开学生心灵的窗户，让学生可以没有顾虑地对老师倾诉自己的看法与见解；最后，根据不同学生的心理特点选择不同的教育方法。我知道，这些事情做起来并不容易。苏同学的状况虽有进展，但离不开关注，这不是长久之计，接下来待他情况再稳定些，我将用校规校纪来对他进行"诊治"。既是案例，就得用时间来治愈，用行动来陪伴，有始有终！

"百年大业，教育为先。"教师应从关爱学生的心理健康出发，让教育植根于爱，教师唯有用真诚的心去关注学生的心灵健康，胸中有爱，献身于教育事业，方可寓教于国之栋梁。

"三寸讲台系国运，一寸丹心铸国魂；守得云开见明月，一生献身终不悔。"关爱学生的心理健康教育，势在必行！

上篇 德育渗透

下篇 ——教学设计——

百年征程，砥砺奋进

深圳实验承翰学校　许正千

【背景分析】

2021年是中国共产党成立100周年，一百年风雨兼程，一百年奋斗不息，在中国共产党的坚强领导下，中国发生了翻天覆地的变化，亿万人民书写了国家和民族发展的壮丽史诗，中国特色社会主义进入了新时代。因此，要增强学生们热爱祖国、热爱中国共产党的意识，建设红色的阳光校园，促进国防教育、爱国教育的发展。本节课旨在通过活动，如诗歌朗诵、知识竞赛等形式，对学生进行热爱祖国、热爱中国共产党的思想教育。

【班会目标】

1. 教会学生认识中国共产党的成立历程。
2. 通过诗歌朗诵的方式，增加爱党的热情。
3. 引导学生学习党章、党史，学会爱国、爱党。

【班会准备】

1. 微电影和诗歌朗诵脚本编制与排练。
2. 纸笔。
3. 记录语录。

【班会过程】

1. 我是冷静的观看者

（1）播放《建党100周年述职报告》微电影，影片分为两个篇章。

第一章：中国共产党救国救民的历史进程；第二章：中国共产党开创具有中国特色社会主义的历程。

（2）自由发言，总结并引出本节课主题。

2. 我是机智的思考者

（1）诗歌朗诵

是你点燃了可以燎原的星星之火……我们建成了一个崭新的中国。

教育学生要有爱国、爱党的意识。

（2）历史男神来课堂

邀请班级历史老师来给大家作一个"微讲座"："中国共产党宣言"，为大家讲述真实的中国共产党，帮助同学们在心中牢固树立"爱国爱党"的意识。

让学生知道只有爱国爱党，中国才能复兴。

3. 我是积极的践行者

一起编制爱国爱党口诀。（齐读三遍）

男生：我们宣誓。

女生：我们宣誓。

男女：为共产主义事业奋斗终生。让我们的旗帜永远鲜红、永不褪色！

总结与提升： 让我们勇敢往前走，坚定不移地跟着中国共产党走。播放《少年》，让更多的人树立爱国思想，立足当下，担当责任，愿我们都能为国家做贡献。

【拓展延伸】

1. 一节课的结束并不代表德育的结束，为了确保德育效果的长效性，班会结束后，我还会和班会策划团队继续开发、设计系列延续性主题活动，比如参观当地的烈士纪念馆、了解革命烈士的事迹、撰写参观报告等。

下篇 教学设计

2. 观看电影《建党伟业》，撰写观后感，让家长一起来学习如何爱国爱党，将班会成果延续到班级课程中，坚持和历史学科、语文学科建立链接，从作文、周记、作业中及时发现问题、处理问题，真正做到德育和智育并举。同时，我会对本次班会课进行反思，将反思的经验运用到下一次的班会中。

拥抱梦想，励志笃行

华南师范附属平湖学校　教　峰

【背景分析】

梦想是生活的拓展和延伸；梦想是行动的一盏明灯；梦想是远方止渴的梅；梦想更是彩虹。有梦才敢做，有梦才不畏惧，有梦才有未来。追逐梦想的路上，不是一路顺风的。梦想需要勇气，需要永不放弃的精神，需要坚强的毅力，如此才能到达梦想的彼岸。我想在学生幼小的心灵中播下梦想的种子，让他们成为追梦人，让他们对生活有期待。在这样的背景下，我在学生中开展了"拥抱梦想，励志笃行"的主题班会。

【班会目标】

1. 知识目标：让学生懂得有梦想很重要。

2. 情感目标：让学生了解梦想变成现实的艰辛，懂得坚持心中梦想的重要性。

3. 行为目标：让学生从眼下开始，不畏惧困难挫折，敢于面对挑战，勇敢追梦。

【班会准备】

1. 编制情景剧《钢琴家养成记》。

2. 视频。

3. 道具。

下篇　教学设计

【班会过程】

1. 视频导入，引出梦想

（1）教师播放某钢琴家弹奏钢琴的视频。

（2）介绍钢琴家的简历。

师：看过这个钢琴家的演出，读了他的简历，说说你对他的印象。

（3）情景剧《钢琴家养成记》。

师：这个剧是根据某钢琴家儿时练琴的故事编制的情景剧，大家在看剧的过程中，思考以下几个问题。

（1）剧中他都经历了什么困难？他都是怎么克服的？

（2）遇到这么多的困难，他为什么不放弃？

设计意图：利用视频、简历的方式，让学生对钢琴家的成功人设感兴趣，与情景剧表演形成了鲜明对比，让学生的内心产生矛盾，激发学生对梦想力量的思考。

2. 进入主题，谈论梦想

问题1：这个钢琴家是一个有梦想的人，同学们的梦想是什么？

师：梦想就是我们心中的一种期待，是心中努力要实现的目标。

问题2：孩子们，你们觉得，我们应该有梦想吗？

师：没错，我们要有梦想。正如诸葛亮说的："志当存高远。"李白说："天生我才必有用。"泰戈尔说："理想是指引方向的航标灯。"可是梦想是那么容易实现的吗？作家顾里说："世界上有条很长的路是梦想，还有堵很高的墙叫作现实。"正如某钢琴家一样，10年学琴历程，其中也有过疑惑，想过放弃，甚至被否定过。可是这些困难他都克服了，并坚持下来。

设计意图：建构主义认为，学习具有主动性。我们在对话中，让学生对梦想有了更深的理解，引导学生们正确认识梦想。引出追梦的不容易，以及面对这些不容易，我们要怎么做，为下一环节做了铺垫。

3. 活动体验，找到解决办法

（1）反脆弱游戏、蒙眼避障游戏、合作送纸游戏。

（2）通过以上几个活动，你明白了遇到困难时要怎样做呢？

（3）联系自己的生活，说一下自己生活中成功克服困难的经历。小组交流并分享。

设计意图：皮亚杰认为，游戏是思考的一种表现形式，在游戏中让学生体验困难，激发学生不怕困难的决心。

4. 向自己表白，表述梦想

（1）完成梦想单，并分享。

我的梦想单

我的梦想是＿＿＿＿＿＿＿＿＿＿＿＿，因为＿＿＿＿＿＿＿＿＿＿＿＿。
完成梦想的路上会遇到＿＿＿＿＿＿＿＿＿＿＿＿＿＿＿＿困难。
我会怎样克服？ ＿＿＿＿＿＿＿＿＿＿＿＿＿＿＿＿＿＿＿＿＿＿＿＿＿＿＿

师：我们都是一群有着隐形翅膀的人，我们要学习蜗牛一步一步向前爬、不退缩的精神。我刚才讨论的都是个人的梦想，如果每个个人的梦想都能成功，那最终能完成的就是富国强民的中国梦。

（2）全体起立，合唱《我相信》。

设计意图：通过完成梦想单的形式，进一步让学生思考自己的梦想是什么，预判自己会遇到的挫折以及该如何解决困难。

【拓展延伸】

袁隆平生前讲话的视频。

【班会反思】

1. 梦想这粒种子，在这一节课被悄然种在了学生心中。

2. 除了提前准备的情景剧，还可以提前做个调查，看看学生比较喜欢哪些社会人物，用他们来做案例，可能更能激发学生的兴趣。

3. 很多梦想离我们特别遥远，在写梦想单的时候还可以再加上"你的近期梦想是什么"，这样可能会更好。

下篇 教学设计

你好，情绪

深圳市龙岗区兰著学校　黄苏钰

【背景分析】

据统计，有73.6%的人的心理处于亚健康状态，16.1%的人存在不同程度的心理问题，而心理健康的人数比例仅为10.3%。如今，学生自我意识逐渐增强，接收的信息更加复杂多样，但学生辨别信息的能力却不足，从而很难稳定自己的心绪。这就导致学业压力、人际交往、亲子关系或是同学之间的攀比，都有可能影响学生的情绪。而我班的大部分学生都缺乏处理情绪的能力，有情绪的时候不知该如何表达，甚至有时候会以暴力的方式伤人伤己。加之，大部分的家长并不知道该如何引导学生处理情绪，学校也没有相应的课程，学生在情绪处理这方面有很大缺漏。本课旨在引导学生了解什么是情绪，让他们接纳自己的情绪，最终引导学生用正确的方式处理情绪。

【班会目标】

1. 引导学生了解什么是情绪，明白情绪背后的意义。
2. 引导学生用正确的方式处理情绪，并逐渐走出情绪的桎梏。
3. 引导学生正视情绪，积极接纳自己的情绪。

【班会准备】

1. 电影《头脑特工队》片段。
2. 学生排演小品《当冲突发生时》。

【班会过程】

1. 激趣导入，引入新课

播放电影《头脑特工队》中五种情绪进行自我介绍的片段。

师：这是《头脑特工队》里的五个主要人物，乐乐、怒怒、怕怕、忧忧和厌厌。这五个人物其实就是我们每个人心里的——

生：情绪。

师：是的，这节课就让我们一起走进情绪、认识情绪，跟情绪说"你好"。（出示课题：你好，情绪）

设计意图：刚上课的时候，老师用电影《头脑特工队》中的片段引入本课的主要内容，既揭示了主题，又激发了学生的兴趣，让学生对情绪有了初步的认识，真正做到寓教于乐。

2. 初识情绪，接纳自己

（1）情绪是否有好坏。

提问：请同学们回忆一下，自己最近一次有很强烈的情绪是因为什么事情？当自己表露情绪的时候，周围人是什么反应？

请学生思考2分钟，然后进行小组讨论，最终请学生进行汇报。

预设：当学生表露情绪的时候，家长、同学可能一时之间难以接纳学生的情绪，甚至会用忽视、讽刺等方式来对待学生的情绪。渐渐地，学生便会认为情绪是不好的，认为愤怒、悲伤等情绪是负面的，是不应当存在的。

设计意图：通过提问和讨论让学生回忆自己生活中关于情绪的事情，将课堂内容与学生的生活体验紧密联系起来，引起学生对情绪产生好奇。

（2）了解情绪背后的意义。

情绪是对周围环境的一种反应，情绪背后深藏着人的种种需要。在数万年的进化过程中，情绪一直在人类生活中扮演着极其重要的角色，这些情绪让人类得以存活至今。

愤怒的情绪让人类在面对危险时能够震慑对方，害怕的情绪让人类能够预判是否要躲避危险，厌恶的情绪保护人类不要误食一些可能有毒的食物，忧伤的情绪让人类能够适当地休息，快乐的情绪让人类充满活力，进而迸发

下篇 教学设计

出创造力。

每一种情绪都有其积极正面的意义，我们需要学着接纳每一种情绪的存在，当情绪出现的时候，安抚自己、拥抱自己。

设计意图：通过介绍相关知识，引导学生了解情绪背后的意义，让学生逐渐明白，情绪没有对错之分，不用排斥或厌恶情绪。

3. 面对情绪，解决问题

（1）观看小品《当冲突发生时》。

请学生表演短剧《当冲突发生时》，几个学生之间发生了口角，为周末应该去谁家办生日聚会而争论不休。一个学生认为应该到自己家办聚会，但自己家离其他同学家实在太远了，他的意见没有被采纳，他感到很伤心。一个学生则希望到外面的麦当劳办聚会，但其他同学认为麦当劳太吵闹，人太多，甚至还认为这个学生太幼稚，这个学生很生气。一个学生则为自己周末要补习，可能无法参加同学的生日聚会而感到担忧，同时也担心自己参加聚会后写不完作业。

观看完小品后，老师请同学们说一说，三个学生心里的需要是什么。

预设：第一个学生希望大家能到他家去办聚会，他想要和大家一起玩耍，希望得到陪伴，同时他也不希望去路途遥远的其他同学家，在自己家办聚会更方便一些。

第二个学生希望自己的意见被采纳，希望能跟同学一起去麦当劳，同时也希望得到认可，不想别人说自己幼稚。

第三个学生希望自己也能参与到生日聚会中，但因为周末自己要补习，父母可能不会同意，同时参加聚会占用了很多时间，作业可能会写不完。

小结：正是因为所处的环境不同、站的角度不同，面对同一件事，不同的学生有不同的情绪。不同情绪反映了人的不同需要，没有对错之分。

设计意图：通过小品，让学生更直观地感受面对同一件事，不同人会有不同情绪，而不同的情绪背后反映了不同需要，但情绪并没有对错之分。

（2）解决问题。

①小组讨论：请同学们在组内讨论，怎样才能解决三位同学面临的问题？

②小组上台展示，汇报自己小组想到的解决方法。

预设：

第一，三个学生可以勇敢地说出自己的感受和需要，然后三人进行协商，讨论出折中的方案。

第二，如果第一个同学觉得自己家离另外两个同学家太远，可以寻找一个中间点，找一个离大家都不远的餐厅或同学家吃饭。

第三，第二个同学可以说出自己并不喜欢被别人说"幼稚"，说明自己也是经过考虑，才觉得在麦当劳办生日聚会很合适的，因为大部分人都爱吃麦当劳，那里还有比较宽敞的地方。

第四，第三个同学可以说出自己可能没法全程参与聚会，参与到一半需要回家补作业，否则父母就不会同意他出来参加生日聚会，他也怕影响学习。

第五，三人也可以考虑将生日聚会适当延期，如选在周五放学后的时间段，可选离学校比较近的餐厅举办。

师小结：每个同学有不同需要，这导致每个人看待问题的角度不同，情绪反应也不同，其中没有对错之分。如果我们能试着理解他人的感受和需要，就能找到解决问题的方法。

设计意图：通过小组讨论，引导学生逐渐认识到，当我们能正视情绪，不排斥情绪，并了解情绪背后的需要时，解决问题的方法自然就会浮出水面。

4. 学以致用，知行合一

圆梦纸飞机——做情绪的主人，介绍调节情绪的不同方法。

（1）合理宣泄法。

当有不良情绪产生时，不要强行束缚自己的感情，该笑就笑，该哭就哭，应该合理宣泄，将其尽快释放出来。当然在宣泄时要注意宣泄的对象（避开引起自己不快的人）、时间、地点（不能上课时在教室里大哭、大笑）。

（2）呼吸调节法。

呼吸调节是处理情绪波动的有效方法，比如情绪紧张、激动时，呼吸短促时，可以进行缓慢呼气和吸气练习，从而达到放松情绪的目的；但情绪低沉时，可以利用长吸气或有力呼气练习，提高情绪的兴奋性。

（3）表情调节法。

"情动于中而形于外"，这里的"形于外"就是情绪的表情。情绪的波动能引起一系列的生理变化，也能引起面部表情的变化。也就是说，可以通过改变外部表情去改变内部表情。比如：当发现过分紧张时，可以有意识地放松肌肉，不要咬牙，两手伸开，不要握拳，也可以用手搓面部；当自己情绪低落时，可以让自己笑，或看别人笑，或想一些让自己感觉高兴的事情，使情绪得到调整。

师小结：拿破仑说："能控制好自己情绪的人，比能拿下一座城池的将军更伟大。"我们要学会以恰当的方式来表达自己的情绪，学会用正确的方法合理地调节自己的情绪。希望同学们在上完这节课后，都能做情绪的主人！

设计意图：情绪不仅与心理有关，更与人的身体有关。这些调节情绪的方法既有助于学生表达内心的想法，也有助于学生先放松身体，再调整心情。引导学生调节情绪，既能让学生在生活中更加轻松愉快，渡过一个个情绪难关，又能提升学生的人际交往能力。

【拓展延伸】

在这节课中，我们了解了情绪是什么以及情绪背后的意义，还介绍了调节情绪的方法，那同学们想知道情绪具体有多少种，可以用哪些词语来表达吗？请收下这份"情绪词汇表"，当你不知道如何表达自己的情绪时，可以拿出来看一看，选择你认为最贴切的词语。（将打印好的"情绪词汇表"发到学生手中）

情绪词汇表

开心	高兴、喜悦、兴奋、欣喜、幸福、满足、欢乐、快乐、愉快、振奋、狂喜、惊喜、心花怒放、兴高采烈
讨厌	厌烦、不耐烦、不满、不快、反感、厌恶、憎恨、怨恨
生气	恼火、愤怒、狂怒、暴怒
遗憾	失望、难过、伤心、沮丧、灰心、气馁、惆怅、沉重、悲伤、悲痛、悲哀、心碎、崩溃
害怕	担心、忧心、忧愁、恐惧、惊吓、惊恐、恐慌
惊讶	吃惊、震惊
焦虑	纠结、紧张、着急、不安、苦恼、为难、慌乱、慌张、心烦意乱、心神不宁
尴尬	羞耻、羞愧、惭愧、内疚、后悔

无聊	悠闲、放松、轻松、自在、惬意、平静、平和、心旷神怡
困惑	迷茫、茫然、忧愁、担心、担忧
郁闷	抑郁、沉重、绝望、压抑、憋屈、委屈、无力、无助、疲惫
思念	渴望
羡慕	嫉妒
麻木	冷漠、淡漠、冷淡、隔阂、孤单、孤独、疏远

【班会反思】

这节课贴合学生日常生活中的需要，引导学生认识情绪、调节情绪，但总体上还是理论较多，实践较少，需要增设相关的练习。如同桌互说自己最近遇到的烦心事，表达自己的情绪，并共同分析情绪背后的意义，最终调节情绪。学生在适度地练习之后，才能真正提升自己的情绪调节能力。

从百年党史中理解责任

——社会主义核心价值观之爱国

深圳市龙岗区龙城高级中学（教育集团）宝龙外国语学校　张　瑞

【背景分析】

初一正是学生人生观、价值观形成的关键阶段，他们对外部世界、对未知知识都具有很强的好奇心。在这个关键阶段，应该给青少年积极向上的正能量，让爱国之心、责任之感在他们心中生根发芽。恰逢中国共产党建党100周年，作为党员，每每想到党的百年发展，我的内心就激动不已。近代中国中华民族的命运发展，尤其是五四运动之后的发展，与中国共产党的发展交织在一起。两个关键期的交织，一定是一个非常好的教育契机。

【班会目标】

1. 让学生知道中国共产党的一些基本知识。

2. 让学生感受在不同时代背景下，中国共产党对民族命运、国家发展所承担的责任。

3. 使学生认识到当前的幸福生活与中国共产党的付出密不可分。

4. 让学生初步认识责任，理解个人的责任和集体发展之间的关系。

5. 通过学习，让学生从责任的认识迁移到对爱国的认识，从而树立爱国意识。

【班会准备】

1. 寻找视频资源，作为导入素材。

2. 搜集资料，在党的百年发展历史中搜寻历史人物的家书，从家书中感受责任。

3. 明确责任的概念，搜集与责任有关的名言名句。

4. 让学生去了解一下，看看周围人中有没有中国共产党员，分别有多少年的党龄，听他们讲一下党的发展历史上有哪些重要的事情。

5. 组织学生编写并表演话剧《博物馆奇遇》，创设情境让学生去了解中共一大的历史人物。

6. 让学生采访身边的优秀共产党员。

【班会过程】

1. 导入

采用视频导入，播放歌曲《没有共产党就没有新中国》，引出本节课的主题——中国共产党。

设计意图：采用歌曲直接导入，让学生认识到这次班会的主题，营造课堂气氛。

2. 认识中国共产党

根据歌曲《没有共产党就没有新中国》，向学生介绍歌中所唱的共产党就是本节课的主角——中国共产党。我们在课前布置了任务，让学生们了解中国共产党，并了解一下自己周围有没有中国共产党员。邀请学生分享一下他了解的情况。

班上有位同学了解了身边的一位中国共产党员，她还做了采访，我们一起去看看吧。

播放采访视频，观看后让同学简单讲解一下。

设计意图：让学生从生活中感知中国共产党这个概念，知道中国共产党离我们并不远，就是我们身边一个又一个的平凡人。

3. 在历史的瞬间感悟责任

（1）请学生观看主题情景剧《博物馆奇遇》。

（2）提问学生：看完这幕情景剧，你们有什么感悟？

设计意图：情景剧的设计主要是通过演绎的形式让学生知道中共一大的一些人物和事迹，尤其是几个关键数字背后的意义。

通过历史背景的创建，让学生置身当时的历史条件下思考，中国共产党在成立之初就把民族的命运作为党的奋斗目标。让学生知道那些代表的年龄都不大，但是他们的志向都不小，逐渐给学生播下从小立志的种子。

4. 折纸游戏体验责任

给每个小组三张白纸，让学生在规定时间内对白纸进行设计，使经过设计的白纸能承重。

设计意图：折纸游戏的设计，是让学生从理论中走出来，走向实践。但是由于我们不能真正在实际情景中实践，所以我设计了折纸游戏，让学生在游戏中体验责任，让学生在游戏中真正感受到人生哲理。

5. 你言我语谈责任

（1）请学生们谈谈什么是责任。

（2）引出大任和小任，进而阐述责任并不是一个宏大的概念，它距离我们并不远。说一说你身边有哪些应该尽到的责任。

（3）为什么要承担责任。

有折痕的纸张才能立起来，这些折痕就是我们该承担的责任，也是我们能承担的责任。我们什么时候会长大？只有我们的肩膀上能承担责任了，才是真正的成熟。

设计意图：如何将获取的信息内化成价值观，需要将理论和现实相结合，所以设计了谈谈什么是责任这一环节，将之前宏大的责任观念和现实生活结合起来，让学生理解责任并不只是承担国家的责任，还有很多小的责任。在生动的折纸活动中，让学生理解责任。

6. 总结与提升

播放文章《可爱的中国》片段，让学生分别朗诵片段，从而感受那个时代的中国共产党人对美好中国的憧憬和对未来的信心。

设计意图：通过对比，充分感知在中华民族的发展历程中，中国共产党人的付出，让学生真正感知到责任是什么。

【拓展延伸】

给历史上为国家、为民族做出贡献的人物写一封信。（信的内容主要包括表达感谢和描述你所在的社会情况两个方面，其中的人物可以是1921年以后任意时空的）

【班会反思】

1. 设计的初衷就是借助建党一百周年的社会气氛，为学生进行一场爱国的思想洗礼。自古以来我们对情感的表达一直秉持的态度就是言语不如行动，所以对国家的热爱、对家庭的热爱、对父母的热爱、对朋友的热爱等感情，我们都是羞于表达的。其实我们这种观念是不对的，所以我就想表达"爱要大声说出来"。在这个设计过程中，通过前面的铺垫，到最后学生能现场表达出对祖国的爱，从而提升学生的爱国情怀。

2. 在设计的流程上有些不足，感觉课堂前轻后重，但是时间分配上前面的时间比较长，后面的时间比较短。课堂高潮部分预留的时间不足，最后的课堂气氛烘托还是没有达到最理想的状态。

3. 在课堂环节方面，有些转折还略显生硬，说明自己的教学语言还不够丰富，自己的准备还不够充分。在教学语言艺术上，自己要走的路还很长。

中秋月圆人亦圆

——传统文化教育之中华传统节日

深圳市龙岗区外国语学校　王　丹

【背景分析】

中华民族传统文化源远流长、博大精深，当代中学生要肩负弘扬传统文化的使命。

【班会目标】

1. 了解中秋，知晓习俗传说。

2. 激发热情，弘扬民族精神。

3. 立足当下，做新时代少年。

【班会准备】

苏轼的《水调歌头》、中秋知识题目、图画、月饼。

【班会过程】

1. 今人不见古时月，今月曾经照古人

（1）中秋习俗大赏。（播放视频）

（2）中秋知识问答。（问答竞赛）

设计意图：共话中秋从了解中秋习俗开始，学生在欣赏和竞赛的过程中进一步走进中秋，达成"知"的目标。

2. 明月几时有，把酒问青天

学生进行与"中秋"有关的才艺展示：

（1）舞一段水袖。

（2）弹一曲古筝。

（3）诵一篇诗词。

设计意图：伴随着优美的音乐，学生在活动中体验、在体验中感悟中秋佳节的美好。

3. 露从今夜白，月是故乡明

思考：结合"孟晚舟回国"的相关资料，谈谈你是怎样理解"月是故乡明"这句话的。

设计意图：思考辨析更能让学生深入理解，随着中国的不断富强，我们更应该有民族自信心，中国的传统佳节需要我们传承与发展，少年强则国强，进一步达成本节课的知识目标与情感目标。

4. 海上生明月，天涯共此时

（1）品尝月饼，感受月饼的香甜。

（2）分享月饼，和谁人共度佳节。

设计意图：吃月饼、送月饼都是中秋习俗，传递着幸福与美好的祝愿，学生在分享月饼的环节正是本次班会课行为目标达成的环节，和亲人、朋友分享，和医护人员、航天员分享，和保家卫国的边疆战士分享等等，从而深化情感体验。

【拓展延伸】

1. 国学文化大讲堂

邀请历史老师和语文老师进行传统文化讲座，实现学科联动。

2. 主题活动记我心

中秋节后，我们陆续开展了"二十四节气我知道——传统文化教育之星象文化""百家讲坛——传统文化教育之思想文化""汉服大赏——传统文化教育之服饰文化"等主题的班会活动。

3. 走进社区做宣传

课堂上无法实现的行为目标，可通过走进社区的活动形式达成，以做手抄报、做小讲师等方式弘扬中华传统文化。

【班会反思】

本节班会课是一节活动型、分享型、生成型的班会课，活动内容丰富，注重学生的直观感受，学生参与度极高，尤其是第三部分和第四部分的思考与表达，让身处人生观、价值观形成关键期的初中生深度理解和感悟中华传统节日的魅力。

让感恩成为自己的修养

——社会主义核心价值观之感恩

深圳市龙岗区龙园意境小学 王 俊

【背景分析】

一说到感恩，我们的脑海中就会立刻浮现出感恩父母、感恩老师等内容。每逢节日，一些学校纷纷布置感恩作业——给父母洗脚，为教师制作贺卡等，这些活动有可取之处，但若仅止步于此，感恩教育就未免有些肤浅。本活动方案为引导学生进一步发现日常生活中值得我们感恩的对象，例如曾经打击我们、让我们不快的人，还有那个接纳自我并努力向上生长的自己。发现感恩之念，让感恩之念与行为得以传递。让感恩成为自己修养的一部分，使其成为我们的一个信仰，才能将感恩转化为一种能力。

【班会目标】

1. 增强学生对感恩的理解，拓展和深化学生对感恩的认识。

2. 让学生转换学习的视角，用心观察并体会值得感恩的人和物，拥有感恩之念，常怀感恩之心，常行感恩之事。努力成为感恩之链中的一员，在行动中获得能量。

3. 利用感恩之念与行为来给自己赋能，让感恩的心念与行为来治愈自己的内心。

下篇 教学设计

【班会过程】

1. 导入话题

在以往的感恩活动中，我们发现生活中许许多多的平凡人身上都有着不平凡之处，是他们成年累月默默地辛勤付出，才保证了我们日常生活的良好运转。今天让我们进一步去寻找并发现生活中被我们忽略的、值得感恩的对象以及事件。如果现在有机会让你对他们表示感谢，你要向哪些人或事说一声谢谢？请把它们写在纸上。

设计意图：让学生明确本节课感恩的视角已不局限在父母、长辈、身边平凡的劳动者与老师身上。心理学研究表明，用一种接纳与体验的心态面对所发生的一切，对人心理所受的伤是有一种疗愈功能的。要用一种接纳的心态，突破原有感恩的狭隘视野。利用感恩来给自己赋能，让感恩的心念与行为来治愈自己的内心。

2. 体会用感恩取代怨言

（1）过渡语。

同学们，当你想买一部手机，而父母认为你还没有到能控制好手机的年龄而拒绝购买时；当你非常希望参加某类比赛，却在初赛中就被淘汰时，你的心情怎样？（埋怨、不愉快）这时你是否能想到感激拒绝购买手机的家长，感激淘汰你的评委老师呢？有这样一个同龄人，因为自己的脚太大，在大家都不看好她的芭蕾舞表演的情况下，在比赛时总被无情淘汰的情况下，她是如何对待淘汰他的评委的呢？让我们一起来看看。

（2）全班阅读绘本《大脚丫跳芭蕾》。

有一个跳芭蕾舞的女孩名叫贝琳达，贝琳达喜欢跳舞。她每天去舞蹈学校认真地练舞，她跳舞的时候姿态优雅，脚步轻巧灵活。可是贝琳达有一个大问题，嗯，应该说有两个大问题，就是她的左脚和右脚。其实贝琳达不觉得自己的脚有问题，可是参加一年一度的芭蕾舞表演选拔时，问题就来了，评审委员们一看到她的脚就大叫："暂停！"

"天啊！"贾庄董男爵三世说，"你的脚大得像条船！"

著名的纽约评论家乔治·根毕崇说："简直和海豹的鳍没两样！"

常在舞蹈杂志上发表文章的欧娜劳·劳乌柏女士瞪着眼睛直摇头。

贝琳达还没有试跳，评委们就说："回去吧，你那一双脚，永远跳不好！"

贝琳达很难过，难过了好久好久。

她想："或许那些评委说的对，我的大脚真的不适合跳舞。"

于是贝琳达不跳舞了。她告诉自己："放弃跳芭蕾舞吧。"

既然不再跳舞，她就得找别的事做，可是，她除了跳舞什么都不会，她找呀找，终于在费莱迪餐厅找到工作。

餐厅里的客人喜欢他，因为她动作快，脚步轻巧灵活。费莱迪先生也喜欢她，因为她做事很认真。

贝琳达喜欢费莱迪先生和餐厅里的客人，不过她还是忘不了跳舞。

有一天，有个乐团来餐厅表演，他们自称"费莱迪好友乐团"，在餐厅开门营业前，他们先练了一首轻快的曲子。

贝琳达的脚尖忍不住一上一下地跟着打拍子。接着他们开始演奏浪漫又抒情的乐曲，不知不觉中……贝琳达跳起舞来了！

这些音乐家每天到餐厅演奏，贝琳达每天趁客人还没上门，就随着他们的音乐跳舞。

有一天，费莱迪先生问贝琳达愿不愿意跳舞给客人看，贝琳达微笑着回答："噢，当然好啊！"

餐厅里的客人都很喜欢她的表演，他们高兴地去告诉他们的朋友，那些朋友第二天就来到费莱迪餐厅。他们也非常喜欢……

他们又告诉其他朋友，很快地，每天都有很多人来费莱迪餐厅看贝琳达跳舞。大都会芭蕾舞团的指挥听说了这件事，他的朋友的朋友叫他一定要去看贝琳达跳舞，他去了。

他很惊讶。他非常赞赏。他觉得好感动。

"你一定要来大都会剧院表演！"他激动地说，"请你答应我！"

贝琳达笑着回答："噢，当然好啊！"餐厅里的客人都鼓掌欢呼起来。

就这样，贝琳达到了大都会剧院，随着"费莱迪好友乐团"美妙的音乐翩翩起舞，她好喜欢跳舞！评审委员们大喊："太精彩了！多么像燕子、鸽子、羚羊啊！"

下篇 教学设计

他们全神贯注地看她跳舞，完全没有注意到她的脚有多大。贝琳达快乐极了，因为她可以跳舞，跳舞，一直跳舞。至于评审委员们说什么，她一点也不在乎了！

全班讨论：

① 贝琳达一开始对跳芭蕾舞抱有怎样的期望？评委们对她持有什么样的态度？她又有什么样的态度？最终她成功了，她的成长魅力何在？

② 如果你是贝琳达，你会感恩哪些人呢？

生1：感恩自己的客人与老板对自己的喜欢与鼓励。

生2：感恩嘲笑自己的人，他们也能给自己反面的力量，让自己看到自己的不足，让自己变得更强大，或是看到自己更好的一面，让自己的内心注入力量。

生3：更应该感恩那个不气馁，接纳自己不足，保持热爱生活，并不断追求梦想，坚定与坚持的自己，最终迎来属于自己的机会和绽放。

生4：感恩自己勇敢的心和不懈的追求，以及无畏无惧的自己。即使生活带给她不断的考验，她却能始终保持热爱，用感恩的心面对生活，用感恩的双脚舞动自己的人生。

设计意图：这是环环相扣的问题链，让学生带着问题阅读文本，再进行班级讨论，层层剥笋，感受主人公用感恩之心面对生活中给自己负面评价的人，最终走上成功的魅力所在。明白一次次的失败与失望，甚至绝望，便是下一次蓄帆而航的力量源泉。感恩之心能带给人一份沉甸甸的力量。体会当以感恩的心态面对一切包括失败时，我们发现机会往往会出其不意地出现。

③ 联系生活，体会在平时的生活中我们遇到那些事情，第一反应很不愉快，但冷静地想一想，这些令我们不快的人恰恰是应该感激的对象。

④ 在我们的日常生活中，对那些曾经令我们不愉快的人、那些忽视我们的人，我们要善于转换视角，以感恩的心态去看待。

设计意图：结合学生的生活实际，引导他们用独特的视角去观照周围的人和事，重新认识他们，并用感恩的心态和行动，去发现生活之美。

3. 传递感恩的接力棒

（1）过渡语：接下来，我们一起来看看感恩接力棒是如何传递的。

（2）观看视频"传递感恩"。

（3）联系生活大家谈。

设计意图：让学生结合视频谈一谈自己耳闻目睹的事例，回顾亲身经历，也可以从媒体获取相关信息，先小组讨论，然后在全班交流。

提问：你们有没有发现过传递感恩接力棒的事例？

学生1：四川发生汶川地震后，一方有难八方支援，一些唐山市民自发组织志愿者救援队前去援助。他们是唐山大地震的幸存者，当年在全国人民的帮助下渡过了难关，30年后他们把爱和感恩传递给了汶川地震灾区的人们。

学生2：疫情期间，全国上下一心，一方有难八方支援，各行各业、各大企业都在用自己的能力支持着这场战役。无情的病疫，让人们看到了世间更多的美好，在这场战役里每一个人都在用自己的方式传递着感恩。

设计意图：此处让学生结合自己看到、听到、观察到的社会感恩传递实例，引导他们寻找在学校班级中、家庭中发生的感恩传递的例子，这样更能贴近学生的生活和实际，让他们体会传递感恩的美好之行。以传递感恩之心，可以传递爱之链、感恩之链，链接你、我、他，也温暖你、我、他。

4. 活动总结与提升

艺术家罗丹说过，生活中并不缺少美，而是缺少发现美的眼睛。通过班会的活动，我们认识到以感恩代替怨言，能够给别人、也为自己开辟一片新的天地；传递感恩接力棒，能让人与人之间充满关爱和温暖，让我们转换视角去发现值得感恩的对象，去发现身边的感恩之链。希望每一位同学都能成为感恩之链中的一环，用行动创造出更美好的生活。

【拓展延伸】

1. 阅读《与其抱怨不如感恩》一书，思考：怎样感恩逆境？感恩磨难，会让自己变得强大，这是一本助益心灵成长的治愈系好书。

2. 阅读《感恩》一书，通过种种感恩故事，领悟感恩的祝福。让感恩荡涤你我的心灵，随时感恩，能让无力者有力，让有力者有爱，让有爱者幸福。希望感恩的种子在学生的心里播种、生根、发芽，让他们学会感恩生活中的每一个瞬间，相信未来一定会更美好。

下篇 教学设计

3. 阅读《感恩成就人生》一书，体会心怀感恩，处处阳光。感恩之心就是每个人生活中不可或缺的阳光雨露，无论你是尊贵或是卑微，只要你怀着一颗感恩的心，广施善行，就会不断地让世界充满温暖与爱心。

【班会反思】

1. 本次班会课活动的设计充分遵循了小学高年级学生的认知特点，这个年龄阶段的学生正处在从具体运算阶段向形式运算阶段的过渡时期，本班会课旨在引导学生用感恩的心去面对生活中不如意之事，学会用不同的视角看待生活中的人与事，有利于促进儿童认知和心理健康的发展。

2. 克服了感恩教育狭窄化的倾向。本次班会活动引导学生观察和感受生活，并在纷繁复杂的生活实践中去感悟感恩的重要性，透过现象认识本质，发现易被忽视的对象——给我们带来不悦的人或事件，其背后给予我们的那一分力量，让学生感受到人生的成长就是不断地去体验不同的感受，在接纳的基础上挖掘它带给我们的成长动力，并用一种积极的心态去看待生活中对自己有所否定的事件和人物，将其转化为一种能量，时刻保持感恩之心。

与人为友

——社会主义核心价值观之友善

深圳市龙岗区南湾学校　丁晓凤

【背景分析】

进入信息时代后，低年龄段（7～9岁）儿童能接触到社会上的海量信息，其视野和认知更加开阔。相应的，他们的自我意识也更强，更关注于自我的表达和展现，好胜心趋于上风，往往会忽视与他人相处时的尊重和包容。低年龄段的孩子好胜心强，有在集体和与同学相处当中不甘落后、喜欢表现的心理特点。

【班会目标】

1.培养学生的同理心，助力学生品格提升。

2.增强学生之间的包容互助。

3.打造班级凝聚力。

【班会准备】

1.学生心理特点分析，确立基调和主题。

2.装扮活动地点，打造温馨、舒适的环境。

3.准备活动过程中所需的道具：号码抽取箱。

4.相关素材收集，准备情景剧小剧本。

5.寻找主题班会上配合教师的同学，避免因畏难情绪导致小情景剧复现

下篇　教学设计

环节无法顺利开展。

6. 寻找助力教师，负责主题班会期间的拍照和摄影。

【班会过程】

1. 导入

以《找朋友》的音乐开场。同学们，我们在一起生活、学习已经有一年多时间，有些同学成了好朋友，有些同学却没说过几句话，你受同学欢迎吗？你会和同学交往吗？通过今天的活动，相信大家会对这些问题有一定的了解。

设计意图：以轻松的音乐开场，打造温馨舒适的环境；抛出问题让学生思考，将学生引入本次主题班会。

2. 趣味采访

（1）让全班同学在座位上坐好，两两一组"互相采访"。内容有兴趣爱好、个性特点等，如"我喜欢你这样：……我不喜欢你这样：……"。

（2）采访活动结束后，每个同学介绍被他采访的同学，被采访同学在介绍完后可以进行相应地补充。提醒学生们要认真倾听，记住班上每个学生的特点。

（3）举行"他的特征我知道"比赛，把学生按座位顺序进行编号并将号码放入抽签箱中，教师抽取号码，看谁能够上台说出对应号码学生的特征，答对加一分，答错进行一个小才艺表演。

设计意图：打破学生固有的交际圈，使其更好地了解全班同学，知道与其他同学相处时应注意什么，不故意触犯他人禁忌，让同学之间相处更加和谐。

3. "将心比心"情景复现

俗话说，锅碗瓢盆放在一起难免都会磕磕碰碰，更别说生活中人与人的交往了，也免不了会有摩擦。那我们在与朋友的交往过程中，也难免会有一些小摩擦，这个时候该怎么办呢？请看以下几个短剧，并请几位同学上台来复现一下：①一个同学奔跑的时候，因为没注意而不小心撞到另一个同学，使得这位同学很气愤，结果两人吵了起来；②一个同学没带尺子，同桌不想把新买的尺子借给他，使得这个同学不能完成学习任务，于是他们争抢起来。

表演结束，教师说道："遇到这种情况，如果我们能将心比心，站在别人的角度去想一想，也许结果会不一样，请大家看……"两个情景剧中的演员换位继续表演。

（1）撞到人的同学连忙说对不起，另一个同学也说："没关系，下次不要跑这么快了，我们大家都小心点走就是了。"两人高兴地离去。

（2）同桌想：我忘记带东西的时候，同学也经常帮助我，现在别人有困难，我也应该帮助别人。新尺子又算得了什么呢？于是两人互相道谢，都完成了学习任务，非常友好。

情景剧再次结束，教师问："为什么换种想法，换个'位置'，结果竟会有如此大的变化呢？"（大家讨论，随意发表意见）

教师小结：在交往过程中，只要我们能多为别人想一想，多站在别人的角度去看问题，其实很多问题或矛盾都很容易解决，还能增进双方的友谊呢！

设计意图：让学生们在实际情境中体会很多事情其实并没有那么严重，很多时候只要我们换一种角度和想法，很多问题与矛盾就都可以避免。

4. 争做"夸夸群"群主

（1）抽取一个幸运号码，让全班同学对号码所代表的学生进行全方位的夸奖。同学们自由发言，说出赞美的话，如"你写的字很漂亮，我一直很佩服你""你学习真勤奋，我一直都赶不上你"，等等。接受赞美的同学要说："某某同学，谢谢你。"

（2）再抽取一个幸运号码，重复上述步骤。多次抽取，多次夸奖。

设计意图：每个人都有着获得肯定、赞许和认可的心理，让学生通过赞美来发现同学身上的闪光点和值得大家学习的地方，让学生通过赞美向同学们展示友好、散发善意，以增进同学之间的友谊。

5. 总结与提升

人的一生中有许多感情是很宝贵的，其中之一就是"友谊"。著名科学家培根说："友谊能使快乐倍增，使痛苦减半。"李白也告诉我们："桃花潭水深千尺，不及汪伦送我情。"

下篇 教学设计

不要让友情变成一个隐蔽之争，去争论谁更有理、谁错的更多；斤斤计较只会让你建立一个不好的形象，妨碍你交新朋友。换位思考，慷慨、谦逊，可以使你成为一个富有同情心、受人尊敬和吸引人的朋友，如此一来，班集体也会更加团结、蓬勃向上。

设计意图：通过主题班会，帮助学生认识到同学之间和睦相处的重要性；懂得关心别人、将心比心的人际交往常识；促进同学团结，促进学生身心健康发展。在人际交往中，基于善良之心或善良意志表现出的友好言行，符合社会主义核心价值观——友善。

【拓展延伸】

1. 找出一张空白的纸，拿支笔，用最快的时间画一只小猪（想怎么画就怎么画）。更好地认识自我，才能更好地与人相处。

2. 帮帮卡：今天我做了哪些帮助他人（同学、朋友、家长、老师、陌生人……）的事情？

【班会反思】

1. 采用体验式教学法和情境式教学法，将低学段的学生带入课堂，展开班会环节，让学生体验到了将心比心的重要性和必要性。

2. 本次班会课活动设计充分遵循了小学低年级学生的认知特点，引导学生用善良的心去对待身边的同学和其他人，学会用不同的视角去看待生活中的人与事，有利于促进儿童认知和心理健康的发展。

垃圾分类我先行

深圳市龙岗区南湾学校　傅　明

【背景分析】

据中国城市环境卫生协会统计，我国每年产生近10亿吨垃圾，垃圾总量在世界上是数一数二的。垃圾围城的现象屡见不鲜。同时，在创建文明城市的过程中，垃圾分类是体现城市文明的一个重要方面。垃圾分类是人人可为、有利人人的事情，但在生活中还是有很多人不会垃圾分类。为了提高学生的环保意识，鼓励他们积极进行垃圾分类，本次班会课以"垃圾分类我先行"为主题。

【班会目标】

1. 了解垃圾暴增的现状和危害。

2. 通过垃圾分类游戏，了解垃圾分类的标准和方法。

3. 认识垃圾分类、回收与循环再利用的意义，转变浪费资源、破坏环境的生活方式。

【班会准备】

1. 准备垃圾分类的相关教学视频。

2. 准备垃圾分类的游戏道具和游戏APP。

【班会过程】

1. 导入

播放视频：美丽风景的视频，引导学生思考观看美丽景色时的感受。

设计意图：让学生观看视频，结合图片，体会美丽风景令人心情愉快的感受，为后面的对比做铺垫。

2. 垃圾问题的现状

（1）出示垃圾暴增的图片，让学生总结看到图片的感受。

（2）教师总结：这些图片和美丽的风景相比，相信大家都喜欢后者，没有人会希望自己的生活被垃圾包围。但现实生活中就是有很多垃圾在我们的周围，你们能想象每天我们会产生多少垃圾吗？据中国城市环境卫生协会统计，我国每年产生近10亿吨垃圾，其中生活垃圾产生量约4亿吨，建设垃圾5亿吨左右，此外，还有餐厨垃圾1000万吨左右，中国的垃圾总量在世界上是数一数二的。

（3）教师提问：①你身边有多少垃圾？②你在哪里见过这些垃圾？

（4）教师总结：我们身边的垃圾问题非常严重，相信大家都不喜欢这样的生活场景。如果不去想办法处理，我们终将被垃圾包围，以致无法生存和生活。

设计意图：进一步帮助学生理解现在垃圾问题的严重性，感受垃圾问题的解决已经是刻不容缓。

3. 垃圾的危害

（1）教师出示垃圾危害的科普视频，引导学生思考垃圾过多的危害。

（2）教师提问：①垃圾对于人类有哪些危害？②垃圾对于海洋有哪些危害？

（3）教师总结：垃圾污染的危害非常大，垃圾污染对于人类和动植物的生存和发展有着重大的负面影响，很多甚至是致命的影响。

设计意图：通过观看视频，让学生感受和思考垃圾的危害。利用感官上的视觉冲击，刺激学生思考，让学生深刻感受垃圾问题的危害，认识从源头上进行垃圾分类的重要意义。

4. 垃圾的处理

（1）教师播放目前垃圾处理方式的视频。

即综合利用、卫生填埋、焚烧和堆肥等方式。引导学生认识到最重要的解决方式之一是从源头上进行分类处理，即"垃圾分类"。

（2）认识垃圾分类标志。

教师播放垃圾分类的意义视频，帮助学生进一步理解垃圾分类的意义。

（3）垃圾分类小练习。

教师提问：你认识垃圾分类的标志吗？你知道图片里的这些垃圾应该怎么放置吗？剩饭、牛奶瓶、电池、大骨头分别要放在哪里呢？请你试一试。你都放置对了吗？

设计意图：通过视频的播放，让学生认识到垃圾分类的重要性，认识垃圾分类的标志。通过图示让学生了解垃圾分类标志，并进行垃圾分类小练习，给学生直观的感受。

5. 垃圾分类游戏

（1）运用垃圾分类的游戏道具，让全班学生获得垃圾分类的体验。

（2）运用希沃白板的投屏和垃圾分类游戏APP，点名让学生上台进行垃圾分类游戏。

设计意图：通过垃圾分类游戏，调动了全班学生参与垃圾分类活动的热情。寓教于乐，让学生在游戏中轻松学习垃圾分类。

6. 总结与提升

（1）学生总结垃圾泛滥的危害。

（2）学生总结垃圾分类的方法。

（3）教师总结：垃圾分类意义重大，重在知行合一，让我们从自己做起，从身边做起，做垃圾分类的先锋。

设计意图：通过让学生总结本课内容，促进其思考。教师精要总结，鼓励学生知行合一，在生活中积极进行垃圾分类。

【拓展延伸】

1. 小组合作编写垃圾分类的口诀，我们要评选最简洁、最好记忆的垃圾分类口诀。

2. 介绍"垃圾分类指南"微信小程序，鼓励学生在实际生活中积极进行垃圾分类，不会时可以在"垃圾分类指南"微信小程序中学习；完成家庭垃圾分类的调查问卷。

3. 设置"德胜班"班级垃圾分类游戏角。

【班会反思】

1. 环境问题关系到地球上的每一个生命。通过本节课的活动，激发了学生投身环保的热情。

2. 通过垃圾分类的游戏，调动了全班学生参与垃圾分类活动的热情，为后面的系列实践打下了良好的基础。

3. 学生积极参与课堂活动，顺利布置了班级垃圾分类游戏角，课后积极参与垃圾分类活动。以本次班会课为起点，我们班进行了一系列的垃圾治理活动，成为南湾学校"垃圾分类我先行"特色班。

总有一种力量让我们勇敢前行

——生命教育主题班会

深圳市龙岗区南湾学校 何小慧

【背景分析】

每个时代有每个时代的责任和担当。2020年新冠病毒疫情向我国发起了挑战。在这一场人与病毒的抗争中，充满了奋斗、驰援和奉献的故事，爱、责任与担当鼓励着全中国团结一致抗击疫情。由此，我设计了题为"总有一种力量让我们勇敢前行"的主题班会，让学生感受生命的可贵与意义。

【班会目标】

1. 引导学生反思疫情期间的经历，从所听所闻、所思所想中，感受生命的可贵。

2. 学习在逆境中也能合理疏导负面情绪的方法，缓解担忧和恐惧。

3. 通过抗疫英雄们的故事，用榜样的力量，启发学生珍惜生命、热爱生命，接力前辈的责任和担当。

【班会准备】

课前准备了班会课件、卡纸、彩笔、相关视频和图片若干等。

下篇 教学设计

【班会过程】

1. 视频导入　引发思考

学生集体观看视频《疫情下的深圳》。

设计意图：通过观看视频，学生可以直观、具体地感受2020年的深圳春节和往常不一样。在画面中感受强烈的对比，做好情感表达以及深化思考的准备。通过"疫情""防控""救治"的另类春节热搜词汇，点明本节课的切入点——疫情。

2. 场景再现　直面生命

镜头一：珍爱生命

寒假开始了，小杰和家人准备开展期盼已久的旅行。但是因为疫情的爆发，旅行计划被迫临时取消了，小杰整个假期只能老老实实地待在家里。

问题1：这个假期，你们家的旅行计划是否也跟小杰一样被迫取消？你会不高兴吗？

（学生自由发言）

小杰的不高兴是正常的情绪反应。可是，当我们了解了这场突如其来的疫情带来的灾难性后果时，我们便能够理解家长的选择并且安心待在家里，这就表现出了一个青少年应有的责任和担当。

设计意图：通过小杰的实例分析，学生们代入思考，接纳正常的情绪反应。同时也引发学生转换角度思考家长取消旅行的原因，增强社会责任感和个人担当。

问题2：钟南山院士在2020年1月20日肯定了新型冠状病毒肺炎有人传人现象。你也有过担心、紧张、焦虑吗？

（学生自由发言）

面对横行肆虐的病毒，面对每天醒来日益增长的数字，相信担心、紧张和焦虑的情绪每个人都有。这恰恰是我们珍爱生命的表现，我们担心自己的生命受到威胁而感到恐惧，这些都是正常不过的事情，因为生命属于我们，有且仅有一次！

设计意图：通过回顾疫情发展，直面感受，接纳并理解。强调生命的可贵，每个人都有且只有一次，需要珍而重之。

问题3：我们该如何缓解这种担忧和恐惧呢？

① 关注官方新闻，了解疫情信息。

② 相信生命科学，不要轻信传言。

③ 学习查阅资料，逐步消除恐怖。

④ 加强沟通交流，降低内心恐慌。

设计意图：在"问题1"和"问题2"的直面情绪后，思考缓解担忧和恐惧的方法，尊重客观，相信科学，提出建议。

小结1：这场突如其来的疫情，让我们意识到生命的可贵，让我们更加珍惜生命、热爱生命，渴望好好活着！

设计意图：通过"镜头一"的情境创设和连续追问，点出本部分的核心思想——珍爱生命，强调生命的可贵，号召学生珍惜生命、热爱生命。

镜头二：守护生命

小杰的爸爸主动申请去社区做志愿者，协助居委会干部给社区居民送生活用品。小杰不放心，拉着爸爸的手不让他去，他说："我知道的，这个工作很危险，谁也不知道那些人是不是带着病毒，万一有呢？爸爸您还让我多注意呢，我不让您去！"可是，爸爸却摸了摸小杰的头，戴好口罩出门了……小杰的爸爸难道不害怕感染病毒吗？难道他不知道生命的宝贵吗？

（学生自由发言）

观看前线抗疫英雄图片集。

观看视频"你的答案——致敬武汉，致敬抗疫中所有的英雄"。

设计意图：通过情境引入，思考为何在有危险的情况下小杰爸爸还愿意主动承担志愿者的工作，引出在疫情期间奔赴在抗疫前线的各行各业的工作者们。通过图片集的介绍和视频的直观表现，致敬抗疫中的所有英雄，使学生情感得到升华。

问题1：对于这些逆行者们，他们的生命难道不宝贵吗？

每个人都珍爱自己的生命，但是当可以用一己之力去关爱更多人生命的时候，有些人就会选择用生命守护生命！

设计意图：致敬英雄的逆行者们，再次强调每个人的生命都是珍贵的，

下篇 教学设计

每个人也同样珍爱自己的生命。同时，我们也要珍爱他人的生命。

问题2：为什么他们明知危险，还要逆向而行呢？

"不是真的不怕，是从未想过这个问题，我们的职业道德让我们在面对病人的时候，根本就没有时间去考虑这个问题，你只有往前冲，没有后退的余地。"

——抗疫前线医务人员

"今天的美好生活都是有人在为你负重前行，我们愿意当那个负重前行的人。"

——抗疫前线社区工作者

设计意图：引用抗疫前线的医务人员和社会工作者的话语，更加真切地传达职业责任感和奉献的精神。引导学生致敬英雄，同时也提高个人的时代责任感。

小结2：世上没有从天而降的英雄，只有挺身而出的凡人。每个时代都有不同的"英雄"，战斗在一线救死扶伤、迎难而上的医务工作者和基层工作人员就是伟大的英雄。

设计意图：通过"镜头二"展示的场景和连续的追问，点出本部分的核心思想——守护生命，再次强调生命的可贵，同时也让学生认识生命的意义，有担当、有责任、有奉献。致敬英雄，建立正确的价值观。

镜头三：敬畏生命

学生集体观看视频"疫情过后，送给全体中小学生的'开学第一课'"。

问题：面对疫情，我们可以做什么呢？

（1）稳定情绪，保持好心态，要冷静；讲科学，抗病毒。听音乐，来调节；深呼吸，放轻松。

（2）注意卫生，科学防护。少出门，少聚集；勤洗手，勤通风。戴口罩，讲卫生；打喷嚏，捂口鼻。咳嗽后，慎处理；有症状，早就医。

（3）锻炼身体，合理作息。做"两操"，勤健身；补营养，增抵抗。护家人，少出门；多提醒，互监督。

（4）学习积累，快乐成长。惜当下，勤反思；爱相惜，心相连。学知识，长技能；有收获，促成长。

设计意图：结合广东省颁布的疫情防控注意事项，通过视频学习具体的自我保护措施。从心理状态、卫生防护、锻炼自身、珍惜时光等角度，利用朗朗上口的"三字经"口诀，提出具体的措施和做法，让学生明确自己可以做的和自己应该做的。

小结3：亲爱的同学们，在这场疫情面前，你们不是局外人，现在不是，未来更不是！让我们珍爱生命，敬畏生命！总有一天，守护生命的这个担子也会落在你们的肩上！

设计意图：总结指出本部分核心思想——敬畏生命，结合青少年的年纪和角色提出了有效建议，针对性地指导学生操作。再次强调珍爱生命，同时也鼓励学生积极进取。

3. 疫情当下　人生未来

问题1：有没有一种力量让你勇敢向前？

设计意图：通过"问题1"，教师分享自己的经历，强调榜样的力量。虽然人无完人，但是每个人都有自己的闪光点，将他人的优点或者经历作为不断自我完善与进步的方向和动力。

问题2：有没有一些事情让你觉得自己超棒？

设计意图：通过"问题2"，教师分享自己的经历，引导学生学会自我悦纳，从小事中进行自我认可，增强自信，勇敢向前。

问题3：有没有对未来的一些畅想？

设计意图：通过"问题3"，教师分享自己的经历，挖掘学生对未来的畅想，建立短期和长期的小目标，侧面感受生命的未知性和创造性，对未来充满希望。

任务：制作"我的力量卡"。

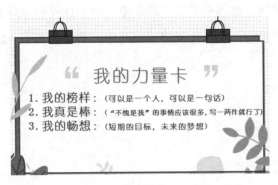

我的力量卡

下篇　教学设计

设计意图：学生针对问题串进行反思，结合自己的经历和想法，制作"我的力量卡"。进一步督促学生反思、总结、升华，有前进的方向、动力和目标，是尊重生命、活出精彩的基础。

4.寄语祝福　未来精彩

教师寄语：同学们，疫情当下，人生未来。珍爱生命，敬畏生命！

让我们且行且珍惜，享受生活的美好！希望你有担当、有抱负，活出生命的精彩！分享钟南山院士的《寄少年》："恰同学少年，愿风华正茂，期投身杏林，更以行证道。"

设计意图：通过教师寄语，总结本次班会的核心，希望同学们珍爱生命、敬畏生命，享受生活；有担当、有抱负，活出生命的精彩。同时分享钟南山院士的《寄少年》，希望通过榜样的力量，给予学生祝福和期许。

【拓展延伸】

本次班会设计旨在引起学生对于"热爱生命"的思考和共鸣，在后续的教育中，我还会组织"抗疫新闻稿分享会""新冠病毒防御知识手抄报""家庭防疫小视频录制"等活动，进一步加强学生的生命意识。

【班会反思】

本次班会设计以2020年疫情初期的生活情景为主线，引导学生思考和深入了解其内在联系。从接纳个人情绪、感受生命的脆弱和可贵，到耳濡目染地见证身边逆行者的英雄事迹，树立守卫生命的使命感，进而结合个人生活中熟悉的人和事物，筑起坚实的爱的堡垒。学生在视听的双重感受中思考，于交流间碰撞思想的火花，达到情感的升华，对生命多了一份敬畏、责任和坚持。

向阳而生

——生命教育主题班会

深圳市龙岗区南湾学校　彭子彤

【背景分析】

由于初中学生需要面对中考的压力和家人的期待，再加上青春期容易叛逆，多愁善感，他们往往不能够积极面对学习与生活上的挫折，常常会将心里的烦闷向父母发泄，更有甚者还会伤害自己，我们意识到了生命教育对学生的重要性。为了让学生了解生命孕育的艰辛，懂得感恩父母，懂得珍惜生命，积极健康地成长，秉承着生命教育理念设计了本次班会活动。

【班会目标】

1. 加强生命教育，树立正确的人生观、价值观，增强生命意识。
2. 了解生命，感恩父母，学会珍惜生命。
3. 提升生命的质量，向阳而生，超越生命。

【班会准备】

1. 提前准备气球，完成"气球妈妈"游戏。
2. 准备《遗愿清单》影片片段。
3. 提前排练《甜甜圈》小剧场。

下篇　教学设计

【班会过程】

1. "气球妈妈"游戏导入

游戏规则：将气球塞到衣服里，蹲下来解开鞋带，再绑回去，但是要保证气球不掉落，更不能破掉。选择三个学生进行游戏体验，并分别询问他们的感受。

设计意图：通过体验"气球妈妈"的游戏，感受生命的来之不易，明白生命不仅属于自己还属于父母，同时明确生命也是脆弱的，我们应该学会直面生命的逝去。

2. 花开花落终有时

提出疑问：为什么我们需要直面生命的逝去？（学生讨论）

展示古希腊三大悲剧故事《被缚的普罗米修斯》《俄狄浦斯王》《美狄亚》，明确悲剧对现实生活可以起到"镜面作用"的效果，起到一种在"等候大厅"里的提前预知与缓冲作用，我们可以先在这个"等候大厅"里思考一下该怎么做。

设计意图：体验完气球妈妈游戏之后，学生了解了生命易逝，但既然生命的尽头就是逝去，那么自然而然引出我们为什么要直面生命的逝去，目的是为了让学生能够珍惜生命，从容面对生命中的种种欣喜与意外。

3. 顾我于今归去也，白云堆里笑呵呵

（1）播放影片《遗愿清单》的片段。该片讲述了两位身患癌症的病人，机缘巧合之下相识结为好友。二人决定在余下的日子里，完成他们的"遗愿清单"的故事。

（2）小组讨论：如果你的人生只剩下三个月，你想要做什么？每个人在人生清单上写下五条。（学生畅所欲言）

明确：引用影片中的经典台词，询问人生的意义是什么，众说纷纭。有人说要看他留下了什么，有人说要看他的信仰，有人说要用爱来评判，还有人说人生根本就毫无意义。我认为可以从那些以你为镜的人身上，看到你自己人生的意义。我能肯定的是，不管按照什么标准，爱德华·科尔在人世间的最后时光，比大部分人毕生的光阴更为充实。我知道，他在离世的时候合

上了双眼，却敞开了心灵。

（3）欣赏班上学生演绎的小剧场《人生的意义与甜甜圈》。人生短暂，我们不能等到生命即将逝去才懂得珍惜，值得庆幸的是，我们的人生还很长，那我们应该如何过好当下的生活呢？请观看小剧场《人生的意义与甜甜圈》，希望你们在小剧场中找到自己心中的答案。

（4）小组讨论：我们应该如何过好当下的生活？将小组讨论的结果写在纸上，贴在黑板上的生命之树上。

明确： 学会关心和理解，做自己喜欢做的事情并且把它做好。学习，并且把学到的知识传递下去。善待朋友，原谅过错。不要忘了那些愿意陪伴和守护我们的人。奔跑、跳跃、欢笑、哭泣……

设计意图： 通过书写人生清单，学生意识到当生命即将逝去时，他们心中最重要的人事物是什么，包括亲情、喜欢做的事情、朋友等；通过小剧场进一步唤醒他们回到现实生活中，思考我们应该如何更好地活在当下。想象与现实相结合，加强学生对生命的理解。

4. 向阳而生，反求诸己

我们不仅要实现个人价值，也要实现社会价值，超越生命，不负此生。

举例：

（1）史铁生：死亡是一个必将到来的盛大节日。它终将到来，我们无从躲避。每个人都是一本书，出生是封面，死亡是封底。我们虽无法改变封面前和封底后的事情，但书里的故事，我们却可以自由书写。

（2）乔布斯：死的意义就在于让我们知道生的可贵，一个人只有在认识到自己是会有死的时候，才开始思考生命，从而大彻大悟。不再沉溺于享乐、懒惰、世俗，不再沉溺于金钱、物质、名位，然后积极地去筹划与实践美丽人生。

（3）张桂梅：我生来就是高山而非溪流，我欲于群峰之巅俯视平庸的沟壑。我生来就是人杰而非草芥，我站在伟人之肩藐视卑微的懦夫。

（4）社会的临终关怀：临终是个人的，关怀是社会的。

设计意图： 清楚了生命易逝，所以我们应该向死而生，不仅要实现个人价值，也要实现社会价值，让自己有限的生命发光发热。举出三个名人的例

下篇 教学设计

子，升华主题，加强教育。

5. 总结

生命面前，每个人都是平等的，不同的只是一颗充实的心和一颗空虚的心的差别。祝愿我们都能珍惜活着的每一天，不畏将来，珍惜身边的家人和朋友，学会关爱自己和他人，努力将生命开出最美的花朵，不负此生。

设计意图：学生齐读总结，加深对生命的理解。

【拓展延伸】

为自己的人生写一些规划。

设计意图：在了解了生命，清楚了生命的短暂之后，引导学生们好好规划自己的人生，不要浪费时间，珍惜短暂的生命。

【班会反思】

1. 小剧场环节，小演员的装扮需要更贴近剧本中的人物，那样会更有代入感。

2. 让学生写人生清单的小组讨论环节没有落到实处，更多地是流于形式。

3. 总的来说，教学过程流畅，思路清晰，环节衔接自然。学生能够积极参与课堂。

有效沟通，让心靠近

——社会主义核心价值观之友善

深圳市龙岗区南湾学校　王　琰

【背景分析】

积极培育和践行社会主义核心价值观有着重要的现实意义。小学五年级学生主体意识逐渐觉醒，自我意识逐渐加强。在集体生活中，因价值观的碰撞导致的矛盾比比皆是。渗透社会主义核心价值观，有利于学生三观的形成，有利于促进学生之间的和谐相处，形成班级凝聚力和向心力。

【班会目标】

1. 从学生的实际问题出发，有的放矢，让学生明白团结友善的重要性。
2. 渗透社会主义核心价值观，促成学生三观的逐步形成。

【班会准备】

1. A4纸若干张。
2. 情景剧排练。

【班会过程】

1. 课前热身

上课。起立，老师好！

我们先来一起做个小运动吧！

下篇　教学设计

伸出你的双手。

左手掌放在右手掌上面，

左手放回原位。

右手掌放在左手掌上面。

右手放回原位。

请大家跟着节奏一起做。（由慢到快）

伴随着同学们此起彼伏的掌声，请出此次班会课的主持人——汤悦和陈泽琳同学上场。

设计意图：体验式课前热身，能更好地调动学生们的积极性，激发学习兴趣。

2. 趣味游戏　引出主题

合：亲爱的同学们，敬爱的老师们，大家上午好！

小A：我是主持人小A。

小B：我是主持人小B。

小A：今天这节班会课的主题是"有效沟通，让心靠近"。

小B：下面就让我们开启今天的学习之旅吧！

体验游戏：折纸游戏

小A：首先让我化身游戏主播，和大家一起体验一把撕纸游戏吧！请大家拿出桌子上那张长方形的折纸，仔细聆听游戏规则。规则如下：

一二组的同学在听指令的过程中，背离桌子，不能问同学，不能问老师，独立完成。

三四组的同学在听指令的过程中，座位不动，可以左右小声商量。准备好了吗？现在开始。（指令在大屏幕上，读指令时，不要太快，读完后，询问完成情况）

小A：下面有请王老师去查看一下同学们的作品吧！

师：我们先来欣赏一下一二组这两名同学的折纸，为什么同样的材料，同样的指令，两位同学的作品会不一样呢？我来采访一下一二组的同学。

预设：不能沟通。

师：我们先来观察一下三四组这两名同学的折纸，为什么三四组的同学小声商量了，两位同学的作品差别还会如此大呢？我来采访一下三四组的同学。

预设：因为没有进行有效地沟通。

小A：同学们，在游戏过程中，如果不能进行沟通或者不能进行有效地沟通，那我们做出来的作品就会是千差万别的。在日常生活中，如果不能进行有效沟通，那危害可太大了！那怎样才能有效沟通呢？我们先来欣赏一个情景剧《误会》，看看对你有什么启发。请罗同学和熊同学上场。

设计意图：体验式的课堂导入，让学生们在动手实践过程中，明白了有效沟通的必要性和重要性，并让其进一步思考如何进行有效沟通。

3. 角色扮演 深化主题

情境1：

两位同学拍球上场，边拍球边说话。

小丽说：明天是周六，我们一起去石芽岭公园玩吧？明天早上九点在学校大门口见。

小静说："好啊！"

同时转身，小丽嘀咕着："是十点见吗？应该是吧！"

小静转身下场。

第二天，小丽焦急地等待着小静，左等右等不来，一气之下说："小静不讲信用，再也不和她玩了。"

小A：欣赏完精彩的情景剧，同学们，你觉得双方扮演的角色有哪些地方做得不对？提问3~5个人。

预设：①眼睛：自然的眼神接触；②耳朵：认真倾听。

小A：同学们都发表了自己的看法，王老师你是怎么看的呢？

师：我的看法就藏在两张图片之中，谁来猜一猜？

板书：眼神交流 认真倾听

我的分享完毕，谢谢大家！

情境2：

小B：感谢王老师的分享，在同学们的相处过程中，仅仅与对方进行眼神交流和认真倾听，就够了吗？当然不够！我们更需要掌握一些有效的沟通方式。平时，有些同学说话感觉像螃蟹一样横着走，还有些同学话不过三句就想用武力来解决问题，因为一句话或者一个动作就翻脸的现象可以说是屡见不鲜。下面将情境再现三种不同的沟通方式，如果你是主人公，你会选择哪一种呢？说说理由。

小B：（情境）下课铃声响了，小明有事快步走出教室，感觉手臂无意中碰了一下别人的桌子，因为走得急，他未加理会，原来他不小心碰到了小刚放在桌子上的铅笔盒。这时，小刚办完事情回到了教室。

请欣赏沟通方式1：

小刚：咳，你这人怎么搞的？没长眼睛啊？你把我的铅笔盒碰到地上了。

小明：你才没长眼睛呢？我又不是有意的，再说，是我碰到的吗？一个铅笔盒，真是小气，有什么大不了的。

小刚：怎么？碰掉了人家的东西，你还有理啦！你这个——

（相互推搡）

请欣赏沟通方式2：

小刚：（瞪着对方）你给我小心点！

小明：（举起拳头，口气恶狠狠）我怎么了？

小刚：（小声说）你给我等着！

（小明走出教室，小刚将小明座位里的书包扔在地上，踩了两脚，并且说："让你瞪我，让你瞪我！呸！什么东西！"）

请欣赏沟通方式3：

小刚：你把我的铅笔盒碰到地上，摔坏了，我心里很不高兴。

小明：小刚，真对不起，我不小心碰掉了你的铅笔盒。这样吧，放学后我马上买一个新的给你，好吗？

小刚：没关系，你不用赔，铅笔盒修一修还可以用，不过以后走路不要太急，容易发生意外的事情。

小明：我知道了，我以后会注意的。我们一起看看铅笔盒怎么修吧？

小B：同学们，如果你是主人翁，你会选择哪一种做法？

请同学们来回答。（3~5人）

小B：同学们都表达了自己的想法，下面有请王老师来谈谈她的想法。

师：同学们，在平时的与人相处中，我们常常会出现一些心理冲动。第一种做法结果可想而知，大打出手应该是十有八九了。第二种做法，虽然没有第一时间产生正面冲突，但却为后面的矛盾埋下隐患。第三种做法最可取。为什么呢？我又贴出了两张图片（图略），请同学们来猜一猜。第一张图片告诉我们，与人交往时语言要礼貌得体，多使用礼貌用语。第二张图片告诉我们要用心去感受对方。我的分享就到这里，谢谢大家！

板书：礼貌用语　用心感受

设计意图：情境式教学法，让学生以第三视角来审视身边真实的事件，教师稍加点拨，学生就能明白有效沟通的要点。

4.情境再现　头脑风暴

小B：感谢王老师的分享！现在我手上有两颗红星，里面藏着两位同学的烦恼。一二组的同学帮助情境1中的小王，三四组的同学帮助情境2中的小张。小组合作，每一组分别写五条有用的建议，小组派代表分享。

（一共两个情境，均投影在PPT上）

情境1：

求助人：小王。

求助目的：与好友和好。

情境再现：小明和小王是一对好朋友。这天课间小明想找小王玩抓人的游戏，于是在没有和小王沟通的情况下，抓住小王不放，小王很生气，再也不理小明了。

情境2：

求助人：小张。

求助目的：希望对方不要拿自己的东西不还。

情境再现：小张和小李是一对好朋友。小李总是喜欢借小张的笔、本子、橡皮，但从不还。小张问小李要时，小李总会不以为意地说："我们是好朋友，不要这么计较了。"

小张最近很烦恼。

小B：请写好建议的组，举手汇报。（一个组由1个人汇报）

下篇 教学设计

小B：同学们可真是智多星啊！这四位同学在同学们的帮助之下，烦恼减轻了许多。下面有请王老师为此次班会做总结。

总结：美好的时光过得真快，这节丰富多彩的班会课就接近尾声了，看看我们本节课的学习足迹，你会惊奇地发现，这一张张图片构成了我们最熟悉的一个字——"聪"。希望在未来的日子里，大家都能成为人际沟通中的聪明人！

【拓展延伸】

1. 请学生们签署班级团结友善倡议书。
2. 评比每月团结友爱之星。

【班会反思】

本课采用体验式教学法和情境式教学法，展开教学环节。逐层推进，抽丝剥茧，让学生逐步体验到了有效沟通的重要性和必要性。本课实践性强，重难点突出，在层层推进中，学生掌握了一些有效沟通的方法。

生活之美，美在友善

——社会主义核心价值观之友善

深圳市龙岗区南湾学校　吴燕芳

【背景分析】

党的十八大以来，中央高度重视培育和践行社会主义核心价值观，强调指出"倡导富强、民主、文明、和谐，倡导自由、平等、公正、法治，倡导爱国、敬业、诚信、友善，积极教育和践行社会主义核心价值观"。目前培养和践行社会主义核心价值观已成为全社会的共识，初中德育更要承担起应有的责任。

初二学生处于青年初期，身体逐步发育成熟，心理处于由不成熟向成熟的过渡阶段。但是初二学生普遍建立起了较强的自我意识，性格比较叛逆。青少年如果长期处于比较压抑的社会环境中，容易导致不健康心理状态的形成。

初二学生尚没有形成成熟的世界观、人生观和价值观，而社会上价值观的多样化容易给学生造成不良的影响。班会课能够帮助学生认识到友善的意义，并助力其在生活中践行社会主义核心价值观。

【班会目标】

1. 通过视频和游戏认识友善是中华民族传统美德，要与人为善。
2. 通过深度讨论案例认识友善对社会的重要性，友善是社会和谐的基础。
3. 将"友善之美"内化到行动中，自觉践行社会主义核心价值观。

下篇 教学设计

【班会准备】

1. 下载关于"友善"的视频和歌曲，制作课件。

2. 准备便笺纸。

3. 和学生座谈、沟通和交流，了解学生对友善的理解。

4. 关于友善情景剧的排练。

【班会过程】

1. 导入

播放歌曲：李宇春的《我们都一样》。

设计意图：营造氛围。

2. 拇指游戏识善源

（1）拇指游戏

① 请同学们在自己的大拇指上画上笑脸。

② 画好以后听老师口令开始活动。一次是笑脸对笑脸，一次是笑脸对无表情或者苦脸。

设计意图：导入价值观，并通过活动活跃班级氛围。

（2）提问环节

你的感受如何？友善来源于哪里？

小结：友善是中华民族优秀文化传统的一部分，也是中华民族处理人际关系的价值观，同时还是我国社会主义核心价值观的公民这个层面中的一个部分。

设计意图：通过问题的讨论和教师的追问，将价值观的学习深入下去。

（3）经典故事立榜样

① 观看2020年感动中国人物——张桂梅校长的故事。

资料来源：优酷视频《感动中国十大人物——张桂梅校长的故事》。

② 提问：张桂梅校长为什么要这样做？

"每次她帮助贫困山区学生圆大学梦就是她最高兴的时候"。

③ 思考：这种高兴是来自付出而不是索取，为什么张桂梅校长为别人付

出了会觉得高兴？

④ 讨论：张桂梅校长的精神动力是什么？

设计意图：让学生们明白想要践行价值观，需要怎么做，将践行价值观引入身边。

3.情景剧场传递爱

（1）学生情景剧表演：教室风波

提问：你觉得两个人打起来的原因是什么？如果是有人碰倒你的水杯，你会怎么做？

（2）即兴表演：三个人一组，两个人为当事人

① 体育课上有人不小心撞到了你。

② 上课时，坐在你后面的同学多次要你帮忙传纸条给前面的同学。

③ 自习课上，你的同桌突然肚子很痛。

设计意图：由对别人友善到对自己友善，拓展价值观的外延。

4.总结与提升

当我们对别人有善意或者在接受别人的帮助时，你的反应是什么？有善意才会有善举，让我们一起将友善传递下去，一起把爱传递下去。

让我们把拇指笑脸对着自己，我们不仅要对他人友善，也要对自己友善。

以友善作为价值准则，就是以社会自由平等、公正法治为追求，以国家富强民主、文明和谐为目标。以友善作为价值准则，就是提倡对他人、社会、自然的爱，提倡对工作、事业、生命的爱。一个充满爱的世界才是美好的世界。生活之美，美在友善。

【拓展延伸】

1. 观看视频西昌"最美暖心女孩"，并跟家人分享你的感受。

2. 制作关于"友善"的班级宣传海报。

3. 开展一个月的班级"集善"活动，评选"友善之星"。

下篇 教学设计

团结友爱，和谐共处

深圳市龙岗区南湾学校　向香花

【背景分析】

团结是非常重要的，现代社会离不开团结合作。愿意团结合作，学会团结合作，掌握团结合作的方式，才能取得成功。武汉暴发疫情时，是全国人民团结一心才将其迅速地控制了下来；三年级的小学生，还没有从刚刚过去的校运会、班级大合唱等大型班集体活动中体会到团结的意义；细化团结的含义，做好身边有关团结的小事。

【班会目标】

1. 通过活动进一步了解什么是团结合作，了解团结合作的重要性和必要性，并愿意在学习、生活中与他人团结合作。

2. 在活动中体验团结合作带来的快乐情感，培养团结合作的精神，提高团结合作的意识和能力。

【班会准备】

1. 提前准备小故事《一滴小水珠》。

2. 准备有关团结内容的小视频和短片《抗击疫情》。

3. 准备粘贴班级公约的纸张。

4. 学唱歌曲《相亲相爱的一家人》。

【班会过程】

1. 听一听团结小故事

（1）有请喻同学给大家带来《一滴小水珠》的故事。

（2）师提问：①为什么小水珠离开大海的怀抱后，会马上消失？②如果小水珠不想从这个世界上消失，它该怎么办？

师总结：一滴水只有投入大海的怀抱，才不会那么快被晒干。我们就像这滴水，三（2）班就是无限包容我们的大海。今天我们要上一节跟班集体有关的班会课，班会的主题是：团结友爱，和谐共处。

设计意图：上课伊始，一个小故事能很快地让学生进入上课状态，故事的主旨也跟班会主题相契合，讲完后直接引出本课的主题。

2. 看一看团结小短片

（1）欣赏一个短片。（播放动物团结抗敌的小视频）

（2）请同学谈谈看完视频后的感想。

（3）说说你知道哪些关于团结的名言。

（4）齐读老师找到的关于团结的名言。

人心齐，泰山移。

二人同心，其利断金。

单丝不成线，独木不成林。

三个臭皮匠，顶个诸葛亮。

一个篱笆三个桩，一个好汉三个帮。

众人拾柴火焰高。

设计意图：本环节的设置主要有两个目的：明白团结的好处、播下团结的种子。短片虽然是动画形式，但是里面的小动物面对危险临危不惧、团结一心的情节很能激起学生共鸣；而搜集名人名言，既帮学生回顾了自己的语文专业知识，也在回顾中找到了与古人共鸣的地方，明白了团结的重要意义。

3. 说一说团结小故事

（师过渡：读到这里，可能有同学有疑问了，我们平时生活中一般不会像这些动物一样遇到这么危险的敌人，那如何才能体现我们的团结呢？其

下篇 教学设计

实呀，团结就在我们身边，它是下雨时悄悄递过来的雨伞……是摔倒时伸过来的手……是需要时借到的一支笔……是学习遇到困难时，同学无私地帮助……）

（1）畅所欲言说一说：我身边的团结小故事。

（2）说一说：本学期你们给班级带来了哪些荣誉？

设计意图：本环节的设计意图主要是让学生明白团结就在我们身边，寻找身边有关团结的点滴小事及团结带给大家的好处，进一步明确团结的意义。

4. 写一写团结小建议

（1）看着你们给班级带来的一个又一个荣誉，老师不禁为你们感到骄傲。不过，我们班也存在不少问题，我希望大家能群策群力，为班级团结提一下小建议，让大家来共同遵守。四人小组讨论讨论，写下你的建议。

（2）小组展示自己的建议，并将其粘贴在教室前面，作为班级公约共同遵守。

（3）拓展武汉疫情时全国人民的团结故事，播放短片《抗击疫情》，欣赏一下这些"最美逆行者"的身影。

设计意图：让学生们小组合作，目的就是为了突出小组内的团结；并通过小组内团结的力量产生出班级公约，作为大家共同遵守的规则。

5. 玩一玩团结小游戏

（1）站报纸游戏：老师拿出几张报纸，每个小组站上去，报纸一次次折叠，看哪个组能站到最后。

（2）小组总结自己组的经验（尽量结合刚刚每个组展示的细则及方法）。

设计意图：实践是检验真理的唯一标准。在总结了众多团结的经验的同时，我们实地举行一次小活动，让学生们在游戏中感受到团结的力量，学会团结一心的方法。

6. 总结

师歌曲旁白：我们常说，一个人可以走得很快，一群人才能走得更远。未来的日子需要我们继续团结起来，共创和谐友爱的班级、共建富强的国家、共护美好的地球！今天的班会到此结束，感谢大家的聆听，感谢同学们的配合。

【拓展延伸】

1.你觉得身边还有哪些事是需要大家团结起来才能做好的？

2.一起唱响《相亲相爱的一家人》：全班起立，师生齐唱。

【班会反思】

1.团结意识先激发：小故事、小视频既能吸引三年级学生的兴趣，又能起到引出主题的作用。

2.环节处处现团结：无论是寻找身边团结的小故事，还是组内商讨方案，或是小游戏及最后的齐唱歌曲环节，都是为了将团结意识贯穿整个教学过程。

3.正面引导出效果，负面行为要指正。这节课几乎都注重从正面来引导学生学会团结、重视团结。不过，班级学生中仍有部分小问题、小摩擦等不团结的行为，我认为需要老师明确指出并帮助他们改正。

下篇 教学设计

己所不欲，勿施于人

——社会主义核心价值观之友善

深圳市龙岗区南湾学校　徐峥娜

【背景分析】

综观当下校园，校园欺凌、冷暴力、学生间冲突层出不穷。究其原因，一方面是家庭教育在学生与周围环境沟通技能的培养缺失或者是培养不当的现象大量存在，另一方面是在学生心中关于友善观念的缺失抑或是不擅长。谦谦君子，温润如玉，宽以待人一直是中华民族的传统美德，也是现代社会中的人能够与他人友好相处的基础。大部分学生在生活中都是十分善良的，他们只是有时候不知道应该如何与他人友善相处。为了促使学生心中友善观念的建立，并且真正能够在平时的学习生活中践行友善的社会主义核心价值观，我设计了题为"己所不欲，勿施于人"的友善主题班会。

【班会目标】

1. 培养学生换位思考的习惯，形成友善土壤。
2. 建立学生帮助他人的思维，固化友善行为。
3. 形成学生暖言暖语的能力，学会友善言语。

【班会准备】

情景剧表演，游戏素材准备，义工正能量视频。

【班会过程】

1. 己所不欲，勿施于人——换位思考

活动：情景剧展示。通过学生的表演，对有些学生在学校盛气凌人、欺负他人的行为进行曝光。

情景：小刚是班上的小调皮，时常嘲笑班上的同学，有时候还会故意学行动不便的小黄，遇见不喜欢的同学还会伙同几个小伙伴故意针对、孤立他。有些孩子敢怒不敢言，有些孩子因此而身心受伤。有一次小刚踢球后脚踝严重扭伤，行动不便，几个被他欺负过的孩子也开始模仿小刚之前的行为，故意取笑、孤立他。小刚觉得十分难受。

请同学们讨论：为什么会出现这样的情况？我们平时在生活中还有哪些不友善行为？如何避免？

设计意图：通过第三视角感受小刚受伤前后的对比，带着同学们进行了一次现场版的换位思考，让他们切身感受友善在学生平时交流中的必要性和重要性。逐步感受换位思考的意识，真正设身处地地去为他人着想，在乎他人的感受，才能做到友善待人。

2. 良言一句三冬暖，恶语伤人六月寒——言语友善

活动："听听你的心声"体验式游戏。

事先准备一些针对同一情景的暖言和冷语，请几组同学（三个同学一组）上台展示，A、B两同学分别对C同学一暖一冷地进行对应的言语表达，然后请C同学分享自己听后的感受。

（可以从挑衅性语言、嘲讽式语言、恶意玩笑语言中选一种）

举例：某同学课间正在认真学习。

A同学：哇，你真的很努力呢，我好佩服你啊。对了，这道题应该怎么做啊？你能教教我吗？

B同学：哎呦喂，某人就是会装，课间都不休息，是不是看到老师要来了啊？反正你想做学霸，这道题就帮我做了吧，好同学。

（1）请同学们讨论后进行发言，谈谈大家在两种不同语言模式下的心理感受。

（2）提问：结合刚才小刚同学的例子，如果希望得到他人的友善和尊重，我们应该选择哪种语言方式？

设计意图：语言暴力在学校也是一种常见现象，主要分为嘲讽式语言、挑衅性语言和恶意玩笑性语言。本环节通过对比性的体验，希望让学生明白自己在生活中可能出现的一些不友善行为。勿以恶小而为之，友善不仅需要体现在行为上，更要体现在言语上。时间充裕的话，还可以进行一些诸如情绪管控ABC理论等言语技巧的训练，让学生进一步在生活中践行。

3. 赠人玫瑰，手有余香——帮助他人

观看视频：深圳义工是深圳市文明建设的一张名片，可以观看一些关于深圳义工的宣传视频。同时，可以对学校内的家长义工平时的工作进行一些呈现。

讨论：为什么这么多人热衷于义工工作？

分享活动：请大家分享一下在平时生活中感受到的来自他人的温暖和曾经给予他们的温暖。然后通过讨论得到小组的友善行为清单：

（1）对于陌生人，保持礼貌微笑；

（2）在同学需要的时候，主动给予帮助；

（3）平时可以积极参加义工活动，回馈社会；

（4）爱护公共场所卫生，爱护公物等。

设计意图：通过义工等内容的展示，让学生们明白友善行为其实一直存在于我们的生活学习当中。而作为大海中的一滴水，其实我们也可以通过贡献自己的一份力，让环境变得更加友善。

【拓展延伸】

1. 进行"友善之星"的评比。

2. 利用学校的宣传栏开设"友善观察窗"，对于班级中的友善行为进行展示表扬，进行良好行为的强化。

【班会反思】

1. 可以进一步挖掘身边案例。班会后发现，其实班级里就有学生在做义工，校园里也有老师是义工达人。身边的案例会更让学生们有所触动。

2. 可以在班会前组织一次活动，比如在社区邻里中心辅导小学生作业、帮助老人、拾取景点垃圾等。让学生们切身感受友善对待他人后被感谢和认同的骄傲感。

下篇 教学设计

交友之道

——主题班会设计

深圳市龙岗区新亚洲学校　周兰美

【背景分析】

"朋友"在我们人生中十分重要，对我们的学习和生活有着巨大影响。正值青春期的初中学生对朋友更为看重，他们更希望得到同伴的认可，对朋友的渴求比任何年龄阶段都强烈。对朋友的渴求很强烈，但对什么是真正的朋友认识模糊；渴望得到朋友的认可，但不知道交友的原则是什么；希望能交到真正的朋友，但不知道正确交友方式——教师需要引导学生正确认识自己，与朋友共同成长。

【班会目标】

1. 了解朋友的真正含义，学会辨别真正的友谊。

2. 懂得交友的原则，学会拒绝朋友不合理的要求。

3. 懂得正确的交友方式。

（1）正确认识自己：学会向他人介绍自己。

（2）与他人交朋友：掌握正确的交友方式。

【班会准备】

1. 分组搜集有关交友的名言、警句、故事和论述。

2. 课前观察——同学间的交往情景。

3. "我是谁"——自我介绍活动的布置、准备与安排。

4. 视频、素材收集。

【班会过程】

1. 导入

播放《割席断交》视频小故事。谈话引入，朋友之间因志不同道不合而绝交。生活中，我们该如何看待朋友之间的交往呢？

设计意图：引起学生的学习兴趣，引发学生思考朋友之间该如何交往。

2. 交流活动：研读搜集到的资料，交流看法与认识

（1）小组内研读搜集到的有关交友的资料。

（2）小组内交流各自对交友的看法与认识。

（3）小组代表在班上交流。

（4）班上交流什么是真正的朋友。

（5）师总结：平等、信任、理解、帮助、友善、趣味相投、陪伴、关心……

设计意图：搜集并阅读有关交友的资料，对交友有个初步的认识，在交流看法时，能从资料中获得启发；联系日常生活，讨论交流对交友的看法与认识，对什么是真正的朋友有一个明确认识。

3. 交友的原则性

（1）展示生活场景。

场景一：考试的时候，小红让我给她递纸条。

场景二：小红觉得我们俩是好朋友，因此我不能与其他人交朋友。

场景三：小红觉得作业多，与我约定一起不写作业。

场景四：小红与小明吵架了，小红让我永远支持她，一起疏远小明。

（2）讨论。

我们应该答应朋友的任何要求吗？

（3）总结。

交友不能没有原则，我们不能不加分辨地为朋友做事；朋友做错事情时，我们应该加以规劝。

下篇 教学设计

设计意图：针对初中生对朋友认识模糊，不知道该如何拒绝朋友请求的现象，通过展示、讨论现实生活中的典型场景，明确当朋友的要求不合理时，我们应该拒绝，引导学生认识到交友应该有原则。

4. 如何正确交友

（1）自我介绍：让朋友认识你。

"独学而无友，则孤陋而寡闻。"与朋友交往的第一步就是要展示自己，让朋友认识你。

① 小组内进行自我介绍。

② 自我风采展示：小组代表进行自我介绍。

③ 师总结活动意义：我们每个人都是一个独立个体，要保持自我的独特性，不能在交友过程中迷失了自我；自我介绍是正确认识自己的重要方式，也是向别人展示自我的重要手段；为了让他人更快了解自己，要介绍清楚以下内容：姓名、家庭情况、特长、兴趣爱好、理想追求等。

（2）应该与谁交朋友。

① 不可为利益交朋友：观点对对碰。

观点一："君子之交淡如水。"

观点二："多个朋友多条路。"

你如何看待这两种观点？说说你的认识。

明确：朋友的陪伴能让我们获得精神上的满足，不能掺杂太多利益；但朋友之间可以相互帮助；我们不能因为利益来选择朋友。

② 与志同道合之人交友。

故事分享：管鲍之交、割席断交

明确：朋友对一个人的影响很大，与跟自己志同道合的人交友会产生积极的影响。

（3）一起成长：正确对待朋友间的竞争。

"仁者如射：射者正己而后发；发而不中，不怨胜己者，反求诸己而已矣。"在竞争中能坦然接受并欣赏朋友的成就，做到自我反省和激励，我们会收获更多。

设计意图：让学生认识到交朋友首先要正确认识自己，学会介绍自己；

引导学生对"应该与谁交朋友"有正确认识，维护友谊的纯洁性；学会在竞争中与朋友一起成长。

5. 课堂小结

（1）什么是真正的朋友？

（2）我们应该答应朋友的任何请求吗？

（3）我们应该如何与朋友交往？

设计意图：总结梳理本节课内容，让学生对如何正确交友认识更加深刻。

【拓展延伸】

1. 课后完善自我介绍。

2. 和家人进行感悟分享。

【班会反思】

初中阶段的学生，尤其是初二的学生，越来越重视得到同伴的认可，因此也越来越重视得到友谊，但对真正的友谊认识过于浅薄。通过这节课对"朋友"这个话题的分享、探讨、情境体验等环节的学习，学生们对什么是真正的朋友、如何正确地和朋友交往有了比较正确地认识。尤其是情景体验环节：如果朋友提出这样的要求，你该答应他吗？很多学生明知道不能答应，但碍于"朋友之间应该相互帮助"的原则而不去拒绝或不懂该如何拒绝朋友不合理的请求。通过在班级集体的交流，我们达成了明确的共识，朋友不合理的请求不能答应，必须拒绝，这才是真正在帮助朋友。但如何和朋友正确相处这一环节还只是停留在"说理"层面，应多设置一些情境，让学生去体悟，以便在日常生活中学以致用，真正学会正确地与朋友相处。

下篇 教学设计

当代中国精神的集中体现

深圳市龙岗区信义实验小学　谢青春

【背景分析】

现在的学生对红色精神缺乏体会，对抽象的社会主义核心价值观的内容理解不深，因此，希望通过本次主题班会，让同学们了解当代中国精神的集中体现，理解社会主义核心价值观的深刻内涵。从小做起，从身边做起，践行社会主义核心价值观，养成好思想、好品德。

【班会目标】

1. 用多种形式记住并了解社会主义核心价值观。

2. 认同并体会中国精神，自觉践行社会主义核心价值观。

3. 通过多种方式，提高搜集与处理信息的能力。

【班会准备】

1. 教师准备：课前搜集有关中国精神的感人事迹、视频、图片等。

2. 学生准备：排练情景剧《诚信时刻记心中》，用吟唱、吟诵等方式巧记社会主义核心价值观。

【班会过程】

1. 谈话导入

同学们，今天我们来上一节意义非凡的主题班会课，一起来领略让全世界人民都无比震撼的中国精神。下面我们一起来读题目《当代中国精神的集中体现》。

设计意图： 导入简洁明了，直入主题，一是为了快速抓住学生眼球，二是因为后面的环节和内容比较多，这样可以节省时间。

2. 学习当代中国精神的集中体现

第一环节：学习典型人物的典型事迹，直观感受中国精神

① 请看大屏幕，猜一猜打的是什么球。

② 我相信很多同学都跟老师一样，想到了中国女排。那么，中国女排有哪些傲人的成绩呢？

1981年，第三届女排世界杯决赛，中国队对战上届冠军、东道主日本队。前4局比分为2：2。进入决胜的第5局，中国队在14：15落后的情况下，实现逆转，赢得了胜利，以七战七胜的完美战绩夺得了世界冠军，并从此开启了"五连冠"的篇章。

2016年，巴西里约奥运会女排四分之一决赛，中国队对阵东道主巴西队。本次比赛，中国女排在首局失利后及时调整，顶住压力，顽强拼搏，实现总比分3：2的逆转，艰难晋级并最终斩获冠军。

2019年，第十三届女排世界杯在日本举行，中国女排取得十一连胜的优异成绩，成功获得冠军。习近平总书记亲切会见了中国女排代表。

③ 我这里有一段视频，请大家一起来欣赏一下，看完谈一下感受。

④ 大多数人只看到女排光鲜的一面，谁会关注她们背后的付出呢？请大家想象，她们可能会遇到哪些困难？

⑤ 她们会遇到这么多困难，我们不禁要问是什么引导着她们克服重重困难，从而站立于世界之巅的。我能采访你一下吗？

⑥ 原因固然有很多，老师今天想从一个最关键的词说起，那就是中国精神。

2013年3月17日，习近平总书记首次提出了中国精神。他指出中国精神是凝心聚力的兴国之魂、强国之魂，是民族精神和时代精神的统一。其实，让我们感动的中国精神有很多，下面咱们就去了解其中几个典型人物（事例），同时考察一下大家的记忆力。（出示几张照片）

下篇 教学设计

· 225 ·

第一张，奥运篇章（奥运夺冠）。

第二张，探月篇（神舟十三号载人飞船升空，了解三名宇航员）。

第三张，抗疫篇（感人事迹）。

⑦ 刚刚一起感受了令人敬佩的抗疫英雄、奥运健儿，以及神舟十三号航天英雄的事迹，让我们领略到了艰苦奋斗、自强不息的中国精神。

板书：

奥运精神

探月精神

抗疫精神

⑧ 出示《长津湖》电影图片，看过这部电影的请举一下手，请同学来谈一下感受。

⑨ 电影中有这样一个片段，让我深受触动，大家想不想看？

⑩ 重复电影中的经典语录：不相信有完不成的任务、不相信有克服不了的困难、不相信有战胜不了的敌人，这就是抗美援朝精神的体现呀！（板书：抗美援朝精神）

美军撤退时，看到志愿军战士一个个冻成雪雕的画面不禁感叹道：面对有如此决心的敌人，我们永远无法战胜他们。

如今祖国的强大是他们用生命换来的，中国的红旗是他们用生命染红的。"山河已无恙，吾辈当自强"，现在请同学们放下手中的笔，用连心的十指触摸一下胸前那炽热的红领巾，再用最大的诚意高举我们的右手，向抗美援朝的英雄致敬！

设计意图：这一环节由女排精神谈到中国精神，再通过几个典型人物的典型事迹来体现中国精神，从而增加学生对中国精神的直观感受。运用图片、视频等教育手段，既有效地把视听结合起来，又丰富了教学内容，调动了学生的学习兴趣。

第二环节：当代中国精神的集中体现——社会主义核心价值观

习近平总书记说：人无精神则不立，国无精神则不强。我们每个人要干成一件大事，都不能没有精神。我们的国家，要实现中国梦，同样需要精神的力量。而社会主义核心价值观就是当代中国精神的集中体现。

① 课前同学们都用自己的方式记住了社会主义核心价值观的内容，下面请大家展示一下。（小组用吟诵、吟唱等方式展示社会主义核心价值观的内容）

② 这些耳熟能详的社会主义核心价值观，同学们倒背如流。如果让你从中选择最重要的三种价值观，你会选什么？请说一下理由。

设计意图：党的十九大报告指出，社会主义核心价值观是当代中国精神的集中体现，但对于小学生来说，社会主义核心价值观的内容还比较抽象，他们心中也没有具体的概念。因此，在课堂上设计的两个环节都是为了加深学生对社会主义核心价值观的理解，让社会主义核心价值观的内容具体化、形象化。

第三环节：心有榜样——说出大家认可的价值观

师：习近平总书记说，核心价值观，其实就是一种德，既是个人的德，也是一种大德，就是国家的德、社会的德。那么，各行各业中都涌现出了很多值得我们学习的具有美好道德品质的榜样人物，就像刚刚我们说到的航天英雄、奥运冠军、抗疫英雄。除此之外，还有科学家、劳动模范、青年志愿者，以及身边那些助人为乐、见义勇为、诚实守信、敬业奉献、孝老爱亲的好人。

小组讨论，说说谁是你心目中最崇拜的榜样人物：说出他的事迹，要学习他的哪些品质。派代表在全班交流。

设计意图：让学生说出心目中的榜样人物及其优秀品质，进一步让社会主义核心价值观的内容具体化，激发学生向身边的榜样学习的动机。

第四环节：新时期，我们如何践行社会主义核心价值观

① 欣赏情景剧《诚信时刻记心中》。

② 我们校园里还有哪些中国精神？

③ 新时期，你打算如何践行社会主义核心价值观？写在小卡片上，并将其贴在智慧树上。

3. 总结

这棵粗壮的智慧树就好比我们的国家，而树上的一片片"叶子"就如同每一个中国人。我们每个人都付出自己的努力，从身边做起、从小事做起，一点一滴积累，养成好思想、好品德，那么我们祖国的明天就会像这棵树一

下篇 教学设计

样强大无比。

板书设计：

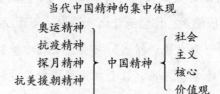

当代中国精神的集中体现

奥运精神
抗疫精神
探月精神
抗美援朝精神
……

中国精神

社会
主义
核心
价值观

设计意图：这一环节的内容是和上一环节紧紧相扣的，由"知"落实到"行"，体现知行统一。板书不仅体现了这节班会的重点内容，还帮助学生构建知识结构，使学生能从板书中较直观地感受到当代中国精神的集中体现。

【拓展延伸】

将课堂上学到的榜样故事，通过继续查找资料、丰富故事内容的方式，讲给你的家人或者朋友听。

【班会反思】

对于这次主题班会，我认为做得比较好的是：一方面，我们在课前做好了充分的准备工作，让学生提前排练情景剧《诚信时刻记心中》，用吟唱、吟诵等方式巧记社会主义核心价值观。课上学生表现突出，让在座的学生和老师都赞不绝口。

另一方面，在整节班会课中，围绕"当代中国精神的集中体现"设计了四个环节的内容，层层递进，环环相扣，逐步实现班会目标，取得良好的教学效果。

当然，通过这次主题班会课，我发现学生的潜力是巨大的，只要准备充分，只要给学生足够的空间发挥自己的才能，便会有让人意料不到的惊喜。以后会不断尝试，让自己的班会设计有更多自己的想法，有更多行之有效的做法。

"环境保护，从我做起"教学设计及反思

深圳市龙岗区南湾学校　刘　琤

【教学目标】

1. 让学生通过活动能学到基本的环保知识。
2. 让学生通过学习和讨论认识到环境保护的重要性。
3. 通过本节课的学习，让学生能在生活中养成环保的习惯。
4. 让学生通过学习和讨论，最终树立起环境保护的责任意识。

【教学准备】

让学生通过书籍、网络等多种途径，了解环境保护的基本常识；让学生在课前制作环保小视频，介绍环保小知识并展示一些环保小制作。挑选一些同学成立科学探究小组，做有关"酸雨对种子萌发的影响"的小实验，并拍摄照片制作课件。

【教学过程】

1. 导入

老师播放电影《美人鱼》的视频剪辑，视频展现的是人们残忍捕杀美人鱼的片段。提出问题：大家看过这个电影吗？你能说说，这部电影讲的是什么内容吗？

学生回答：这是电影《美人鱼》的片段，讲的是一个开发商为了填海造房，用声呐仪驱赶海洋生物，破坏了当地生态环境的故事。

设计意图：吸引学生注意，激发学生的学习兴趣。

第一部分：了解基本的环保知识。

环境保护知识热身赛：宣布竞赛规则，让同学们通过抢答的方式回答一些基本环保知识。

设计意图：通过竞赛的方式让学生了解基本的环境保护知识，提高对环境保护的认识。

第二部分：环境与我们之间的关系。

活动一：认识酸雨的危害。

邀请科学探究小组的同学上台，先向同学们介绍什么是酸雨。酸雨指的是pH值低于5.6的雨水。接下来介绍本实验的目的、实验设计过程、实验的结果及结论。

① 实验目的：是为了探究酸雨对绿豆种子的萌发是否有影响。

② 实验设计及过程：选取颗粒饱满的绿豆种子各5粒，分别放置于1号和2号培养皿中。向1号培养皿中加白醋（pH值低于5.6）作为实验组，向2号培养皿中加入清水作为对照组。设置三组对照实验，以防止偶然因素的影响。三天后观察种子萌发的情况。

实验现象及结论：三组实验组1号培养皿中的种子都没有萌发，而2号对照组中的种子开始萌发。通过实验，说明了酸雨会抑制种子的萌发。

志愿者向同学们展示他们实验的现象及结果。

总结：酸雨会给环境带来一定的危害，通过查阅资料，明确酸雨对环境的危害：影响植物的生长、造成水生生物的死亡、腐蚀建筑物、影响水源、威胁人类的健康等。

活动二：游戏"致命呼吸"。

活动过程：每组选择一个同学作为志愿者，将塑料袋套在头上感受呼吸的感觉，时间不能超过1分钟。小组内其他同学作为安全观察员，观察志愿者在完成活动中的身体状态，并保障志愿者的安全。老师强调要注意活动过程的安全性，整个活动过程1分钟。

讨论：

① 请参与活动的志愿者谈谈头在塑料袋里呼吸是什么感受。

志愿者回答：开始会觉得比较闷，后面越来越觉得难以呼吸。

② 请安全观察员们谈谈你们的看法和感受。

安全观察员1回答：看着同学呼吸比较困难，自己也感觉很难受。想到这些塑料袋如果被随意丢到环境中，是不是也会影响其他动物和植物的呼吸呢？

另一位同学回答：我们应该垃圾分类，不使用这样的不可降解的塑料。

老师展示有关塑料垃圾污染的图片，并总结：的确，这些不可降解的塑料袋会对我们的环境产生极大的危害，影响动植物的生长和我们的健康与安全，所以我们应该尽可能地减少或者不使用塑料袋。

设计意图：通过两个活动，让学生们直观地感受环境污染对我们的影响，认识到保护环境的迫切性。

第三部分：我为环保做什么。

① 视频欣赏：《大自然母亲》。

讨论：我们为什么要保护环境？请说说你的看法。

学生回答：保护环境就是保护我们生存的家园。

老师：我们的生活与周围的环境息息相关，环境的好坏直接影响我们自身的健康，甚至对我们的子孙后代会产生长远的影响。

保护环境、保护我们赖以生活的家园，就是保护我们自己，保护整个人类社会！

保护环境，人人有责！

② 歌曲欣赏：《丹顶鹤的故事》。

小组讨论：作为中学生，我们可以为环保做什么？

同学们畅所欲言：我们可以宣传环保、节约水电、对不文明不环保的行为进行制止、垃圾分类、绿色出行、爱护环境卫生、不使用一次性用品等。

老师总结：同学们说得非常好，让我们一起来看看我们班的环保小达人们，看看他们是怎么说环保、做环保的吧。

③ 视频欣赏《环保达人秀》。

老师总结：让我们一起行动起来，人人争做环保小达人，为环境保护做

下篇 教学设计

出自己的贡献！

环境保护，从我做起！

倡议活动：请你课后设计一个环保主题的宣传手抄报。

设计意图：通过几个讨论，让学生们明白，要保护环境可以从身边的小事做起。最后通过学生们自己录制的视频，调动起他们的环保积极性，让他们能行动起来保护我们的环境，养成良好的环保习惯，最后点题升华主题，让学生树立起环保的意识和责任感。

【拓展延伸】

通过班会活动，学生树立起了环保意识。为了让学生的环保责任感继续保持，把环保责任意识融入以后的学习和生活中去。我还会在班会课后，让学生通过制作、设计环保宣传报，组织开展一次"校园环保日"活动等，让学生参与到环保实践中来，将环保意识内化于心。

【教学反思】

本节课设计的目的是结合生物学科的教学，通过让学生了解基本的环保知识，认识到环保的重要性，并能通过自己生活中的环保行为树立起保护环境的责任意识。

这节课的设计思路是根据初中人教版《生物学》课本七年级下册第四单元第七章《人类活动对生物圈的影响》的教学内容进行改编的，保留了课本中的重点教学内容和活动，将整个学习内容串联起来，以几个活动形式加以展现。如很多有关环境保护的基本知识，学生都比较了解，通过知识竞赛的形式，将几个重要的知识点以课前自主学习、课堂问答竞赛的方式让学生在互动中学习展现出来，增加了课堂的趣味性。同时，本节课保留了"探究酸雨对植物的影响"这一探究活动，通过学生们熟悉的对照实验，直观地体验人类活动对环境造成的不良影响。最后，将"拟定保护生态环境的计划"变成学生的"环保达人秀"，让学生进行展现。

本课设计了三个部分的教学环节，第一部分"了解基本的环保知识"，通过趣味的竞赛活动提高学生对环保的认识；第二部分"环境和我们的关系", 通过两个活动"探究酸雨对植物的影响"和"致命呼吸", 让学生认识到环境保护的重要性; 第三部分"我为环保做什么", 通过视频和讨论让学生迫切地想要行动起来, 树立起环保的社会责任意识, 养成良好的环保习惯。

学生在活动中学习, 在互动中成长, 整节课学生的学习兴趣浓、积极性高、参与性强。我们在知识性的教学中渗透了社会责任感的德育主旨, 达到了良好的教学效果。

下篇 教学设计

操作探究课中的微创新

深圳市龙岗区龙园意境小学　王　俊

【教学理念】

新课标指出，要面向全体学生，适应学生个性发展的需要，使得人人都获得良好的数学教育，不同的人在数学上得到不同的发展。通过创设有趣、实用且有挑战性的教学情景，促使每个学生主动地、生动活泼地发展，尊重教育规律和学生身心发展规律，为每个学生提供适合的教育。要想适合学生知识构建的规律，教学设计就得让学生自己主动地学习，如此学生才会主动地去克服学习中的困难，学生自然会获得丰富的学习体验。意大利儿童教育家蒙台梭利提出了"体验是最好的老师"的思想："对孩子来说，听到了，容易忘记，看到的，记忆不深，只有亲身实践和体验到的才会刻骨铭心，终生难忘。"教师只有为学生创设实用、真实且具有挑战与探究性的动手操作类体验任务，才能让学生对所学的知识刻骨铭心。教师应在课堂上扮演好引导者、组织者与合作者的角色，引导学生在操作活动中发现数据之间的联系与规律。组织学生开展好小组合作学习，学会质疑、学会倾听与汇报。在动手操作与探究活动中发展学生的数学素养，培养学生的综合能力。

【教材分析】

本节课是一节操作实践活动课，是在学生已经学习掌握了圆柱的侧面积、表面积、体积的计算方法的基础上，设计了用6张完全一样的方形纸卷成不同的圆柱的实践活动，其目的是让学生在此探索活动中，应用所学的圆柱表面积和体积的知识，经历探索规律的过程，体会一些变量之间的关系。但教材给的这6张长方形纸，规格都是长16cm、宽4cm，在学生计算时，虽然是用计算机算，但其测量与计算都容易出现一些误差，最主要是不利于学生更大范围地发现其中的规律。所以，我结合本班学生的学情，将提供的材料进行了调整。

【学生分析】

学生在六年级上册已学习了圆的周长与面积，也掌握了常用的圆周率相关数据的规律，例如对于π（取3.14）的1~10整数倍已达到脱口而出的程度了，在六年级下册第一单元中也已掌握了圆柱的表面积与体积的计算。学生对具有挑战性的活动有极强的好奇心与求知欲。因此，本课以手工活动为主线，让学生将"手工课与数学课相结合"，激发学生的探索欲。

【教学目标】

1. 知识与技能：通过长方形纸卷圆柱的探索活动，鼓励学生运用所学的圆柱表面积和体积的知识解决问题。

2. 过程与方法：经历探索规律的过程，体会变量之间的关系。

3. 情感态度与价值观：经历与他人交流的过程，学会合作学习。

【教学重难点】

体会在圆柱侧面积相等的情况下，体积的变化；理解其原因，发现其规律。

【教学方法】

1. 教法：实验操作、启发引导、课堂讨论。

2. 学法：动手操作、合作交流、对比归纳。

【教学准备】

1. 教学准备

（1）四张大小一样的长方形纸。

（2）剪刀。

（3）透明胶布。

（4）探索单。

（5）磁块（贴板书用）。

（6）一把长尺子，提前在黑板上画好探究的总表。

（7）20份教学设计。

（8）打8个小组台牌，并指定小组长。

（9）提前检查教学课件与设备。

2. 学具准备

（1）三种不同类型的长方形纸各准备40张。

型号分别是：

一号长18.84cm，宽6.28cm；二号长25.12cm；宽6.28cm；三号长宽任意。

（2）每组一把剪刀、一把尺子、一卷透明胶布、一份探究单。

【教学过程】

1. 课前互动，融洽关系，铺垫新课

（当π取值为3.14时，抢答它的整数倍）

师：先抢答，看谁反应最快。（如果学生不熟悉，可以提前几天将内容发给学生，让他们熟悉，争取对10以内的各值达到脱口而出的程度）

上课！

全班：加减乘除，勾勒大千世界；点线面体，演绎无限苍穹。

师：很精神！同学们请坐！

设计意图：通过课前的抢答，复习了3.14的整数倍的常用值，同时也是对新课的预热，便于后面探究时快速将常用数据转换成π的整倍数，减少计算的阻碍。

2. 教学过程

（1）谈话引入，激发探索欲。

师：同学们喜欢做手工吗？很好奇，当"手工课遇上数学"时会产生怎样的智慧火花？今天我们就一起来上一节"用长方形纸卷圆柱"的手工课

吧。（板贴课题）

设计意图：激趣，引思。

（2）任务驱动，小组探究。

① 示范与猜想。

师：选择同一大小的纸，不改变纸的大小。用它来卷圆柱体，怎样卷它的体积才会更大？（板贴核心问题）

师：可以怎样卷，谁来示范？还有别的卷法吗？

生：还可以改变它的形状后再卷。

② 表面积与侧面积之间的关系。

师：两个圆柱的表面积一样大吗？

生：表面积不可能一样大。

生：因为以长边为底面周长和以短边为底面周长时，产生的底面大小是不一样的。而表面积是由一个侧面加两个底面产生的。所以，当以长边为底面周长时围成的圆柱表面积更大。

师：为什么说侧面积是一样大呢？

生：侧面积都是由同样大小的纸围成的，所以侧面积就是一样大的。

师：看来一样大的是两个圆柱的侧面积，那哪一种底面积大一些？哪一种底面积小一些？

设计意图：通过圆柱的表面积计算，复习相关的计算公式，因为数学知识与方法是环环相扣、互为基础的，这一环节可以使学生区分侧面积和表面积，将知识进行串联。

③ 体积与对应的高、半径之间的关系。

师：两个圆柱的体积一样大吗？说说你的想法。

生1：老师，我认为两个圆柱的体积一样大。

生2：我认为细长的圆柱体的体积大。

生3：我认为比较粗短的圆柱体的体积大。

师：这是你们的猜想，有猜想，还得用操作加数据加以验证。

师：为了高效，可以用含有 π 的式子分别求出两个不同圆柱的体积，再进行比较。

设计意图：引导学生依据已有的材料和知识，提出经验与事实比较符合的推测性想象，这是一种合情推理，属于综合的高级认识过程。有的学生看到两张纸的形状相同、面积相等，就直观地认为它们围成的圆柱体体积也相等；有的学生认为圆柱越长，体积越大。这些想法其实都是在已有知识经验基础上的再发现和再创造。培养学生的猜想意识，引导学生进行积极的猜想，正是培养学生再发现和再创造的良好开端。

④ 操作与记录。

师：请组长排队来台前选择操作材料，看看你们要选择几号长方形的纸。

师：请一位同学来读一读"探究单"上的要求。

（学生读要求）

师：各组读完要求，分完工后就开始行动吧！（播放轻音乐，连接到PPT上）（大约15分钟）

（课堂探究表附最后一页）

设计意图："长方形纸卷圆柱体"的探索活动，对学生而言是一个具有挑战性的活动。提供三种不同尺寸的长方形供学生选择，体现了活动材料的层次性、多样性和选择性。让学生在各种操作探究体验活动中，去参与知识的生成过程、发展过程，主动地发现知识，体会数学知识的来龙去脉，培养自身主动获取知识的能力，体验成功的喜悦。

（3）全班交流，深化认知。

师：老师刚刚挑选了几个组来与大家分享，如果有小组和他们选的是同一种纸型的，听一听他们有哪些与自己组的发现不一样的地方，等他们分享完后，其他同学可以进行补充，或提出自己的疑问。

（学生分享交流自己的想法）

生1：我选的是1号长方形。通过测量我们发现，它的长是18.84厘米，宽为6.28厘米。我们先以长为底面周长，长是18.84厘米，我们可以用6π来表示它的周长，这样就可以一眼看出它的直径就是6，由此就可以得知它的半径就是3。它的体积也就是底面面积乘以高，可以用$18\pi^2$来表示。但如果我们用它的短边6.28厘米来做底面周长时，直径就是2，半径是1，它的体积就是$6\pi^2$。我们就是从这张表中得出，当半径扩大到原来的3倍时，它的底面积实际上是扩大了3的平方倍，也就是9倍。可由于高在缩小，是缩小到了原来的三分之一。所以，最终也就是扩大了3倍，而不是3的平方倍。

生2：我们选择的也是1号长方形，前面的结论和我们一样，但我们还探究了，将这张长方形变形，也就是从平行于它的长边的二分之一处剪开，再把它接在一起，这时，它的底面周长就扩大了两倍。而它的高就缩小到原来的二分之一。结果，我们发现这样做出来的圆柱的体积就更大了。周长是 12π，半径就是6，那它的体积就是 $36\pi^2$。

生3：我要补充，如果以短边为底面周长时，这时它的高就成了 12π，而它的半径就是0.5，这样它的体积就是 $3\pi^2$。

师：那你们组的结论是什么呢？

生5：我们发现，当底面的周长越长，它的半径就会越长，这时它的底面积就会更大，无论高在扩大还是不变，因为底面积总是要平方的值，所以，这样做成的圆柱的体积就会更大。

师：很棒，发现了这些数据之间的联系。

生：我们组选择的是3号长方形，由于没有数据，所以用了字母把它们表示出来。为了方便，我们把最后的结论写成了分数的形式。我们五年级已经学过，当分母一样大时，分子大的则大，由题目的已知条件得知，a>b，所以，我们发现，不管这些长方形的纸的长与宽是多少，只要用它的长边为底面周长时，就会比以短边为周长时卷成的圆柱的体积更大。

师：哇！真会思考问题，还学会了将字母表达的式子转化成分数的形式。

师：请仔细观察表格，你还有什么发现？

生：我们还发现，它们的周长、高是成正比例的。

师：在这道题里，需要不需要一个什么前提？

生：不需要。因为在这道题里，它们的侧面始终就是这张纸，也就是说侧面是一定的。

师：你们知道的真多。哪一位同学可以再用自己的话来总结一下，今天各小组的探究都带给了你哪些收获？

（学生对本节课的内容进行小结）

生1：我发现以长边为底面周长时，表面积更大；以短边为底面周长时，

下篇 教学设计

圆柱体积更小，表面积也更小。

生：侧面积相等时，圆柱越是细长体积越小，圆柱越是粗短体积越大。

师：刚刚这位同学说的"侧面积相等时"这一句话可以去掉吗？

生：不可以，这是前提条件，不然就没有可比性了。

师：同学们很会思考问题，很严谨。

生：侧面积相等时，圆柱的高越大，它的体积就越小；圆柱的高越小，它的体积就越大。

生3：侧面积相等时，圆柱的底面半径越小，它的体积就越小；圆柱的底面半径越大，它的体积就越大。

师：看来同学们很善于发现，还能清楚地进行表达。

设计意图：两组不同的数据可供选择，给学生较大的思考空间，计算的过程也体现出不同的思维过程，其中第3种，长为a、宽为b的一组数据，最能考查学生掌握知识和运用知识的能力，也能够帮助学生得出最后的规律性总结。

师：美好时光总是很短暂，今天我们就一起学到这里吧。

下课！

记得我们的口号："天下大事，必作于细；天下难事，必作于易。是以圣人，终不为大，故能成其大。"

【教学反思】

1. 本节课充分让学生在动手操作中探究，做到了在"做中学、学中探、探中思、思中悟"的目的。从人的认知角度来说，多种感官参与效果最佳。回顾本节课，在给学生制造完认知冲突、激发学生的探究欲望后，提供材料，充分调动学生的多种感官参与学习。

2. 通过提出猜想，到将测量与计算结合起来加以验证猜想的过程，比较科学。在此过程中，让学生通过剪一剪、卷一卷、量一量得到不同的圆柱，并记录自己测量与计算的数据，从数据中发现规律。最后用数学语言来解释说明探究出的结论，有利于学生的知识建构、活动经验的积累和思维的发展。

3. 整节课将活动直接交给学生，没有一步一步地细致引导，充分让学生自主探究，采取小组合作方式进行。对于给定的数据18.84厘米、25.12厘米、6.28厘米这些常用的圆周率的整倍数的处理，以及最后结论的获得，都由学生探索得出。因为，心理研究表明："在人的内心深处都有一种根深蒂固的需要，这就是希望自己是一个发现者、研究者、探索者，而在儿童的精神世界中，这种需要特别强烈。"所以，生生互动环节是很和谐的，学生全程积极、专注地参与活动。

4. 本节课将教材原本的设计进行了调整，将长方形长与宽的长度规定成圆周率的整数倍。直接用字母代替具体的数据，更便于学生进行探究，更容易让学生从中找到更多的规律，突出知识间的联系。同时，教学设计力图满足不同思维水平的学生在课堂中得到不同层次的发展。

【拓展延伸】

本课教学经过几次实际的试教，第一次是利用课本中规定的材料试教，结果，由于数据繁杂，绝大多数小组在规定的15分钟的探究活动中进度太慢，或是计算出错率较高；第二次试教前，我对学生的探究材料进行了控制，调整成圆周率的整倍数，而且将原来单一的材料变为三种不同类型的，最后一组用字母来表示，以满足不同思维层次学生的探索需求；第三次试教，发现学生没有经历自己动手测量曲线的过程，所以再次把长方形上的数据去掉，或是其中一组不给学生测量的工具，让他们自己想办法。

下篇 教学设计

论班会的天时地利人和

深圳市龙岗区南湾学校　陈　雄

所谓班会，指的是围绕一定主题所进行的班级成员会议。是班主任塑造学生人生观、价值观、世界观的重要途径之一，也是学生之间进行思想交流的主要平台之一。然而有时候我们会发现在平时的教学过程中，或者是因为没有给予班会足够的重视，或者是因为没有遵循教育规律或没有采用适当的方法，导致班会没有取得很好的教育效果。这使得作为教育者的我们需要反思，到底怎样才能提高班会课的教育效果呢？我认为可以从以下几个方面入手。

一、天时篇：善用时者，事半功倍

善用小块时间，微班会时代，灵活机动，应激迅速。我们知道在平时的教育活动中，总是会有一些突发事件（比如打架、舞弊等等）发生。对于这些事情，如果不能及时进行处理，一方面失去了时效性，让学生无法及时认识到事情的错误性质和严重程度；另一方面，由于破窗效应的存在，还可能在班级中出现模仿行为，进一步误导舆论，严重的甚至会影响班风。所以对于班级生活中出现的一切问题，都应该灵活地运用小块时间，简单地进行实时评论，定性定调，让学生们有一个正确的是非观。

善设班会时间结构，让整节班会课松弛有度。教师一直站着说，学生一直坐着听，传统的班会形态容易让学生出现观感疲劳。而一堂有效果的班会课，需要有信息的呈现，需要有思想的碰撞，需要有心灵的触动。如同一场激烈的比赛，让学生身临其中，跟着节奏，最终获得属于自己的收获。这就需要教师在班会的时间分布上巧妙安排：引入需要多少时间，何时提出问题，何时激发学生们互动，怎么升华总结。巧妙合理地安排好班会课各个环节的时间，在完成班会课教育目标的同时，也有效保障了班会课的教育效果。

二、地利篇：不拘于室，因地制宜

大部分的班会活动都是在教室中进行的，但是这并不意味着我们不能有一些创新的举措。善于运用教室中桌椅的布置也可以很好地辅助班会的进行，进一步优化班会的教育效果。对于有展示需求的环节，可以课前将桌椅布置在教室的四周，在中间留出区域；对于有对立性发言需求的环节，可以将桌椅分置在教室的两侧；讲民主的时候，可以模仿联合国的圆桌会议，将桌椅放置成同心圆结构；小组PK的时候，又可以将桌椅分立，各组成员面对面而坐。善于利用教室内的环境，让不同的位置体现学生们的立场，是一种提高学生参与度很好的方法。

虽然班会课的主战地是教室，但是其实在校内校外，我们还是有很多可以利用的资源的。讲团结的时候，我们可以移步操场，玩一玩"向后倒"的游戏，感受彼此间的信任；充分利用学校的校史馆，让学生因为母校而骄傲，进一步激发他们好好努力，成为母校明日骄傲的目标；在对传统文化节日讲解时，不妨借用学校的食堂设施，来一场DIY的月饼或是粽子活动；军训时，一同挑战一下毕业墙，感受一下战胜困难的骄傲；宣传禁毒的时候，可以申请参观所在城市的戒毒所，相信那些触目惊心的画面胜过千言万语。说一说、看一看或许容易忘记，亲身体验一遍才会记忆深刻。积极地挖掘场景资源，让学生们身临其境，使教育润物细无声。

三、人和篇：以人为本，丰富内容

针打在谁身上才不痛，自然是别人身上。反过来，如果希望提高班会课的教育效果，就需要让班会尽可能多地和学生个体发展联结。从一对多到一对一，让更多的学生被看见、被呈现，如此教育目标才容易达成。

所以班会的主持人，或者是其中一些环节的主角，完全可以由学生、学

下篇 教学设计

生的家长、校领导来担任。讲解礼仪的时候，请学生进行正确行为的展示，不好意思现场表演的可以拍视频，不好意思露脸的可以戴面具。学生们不仅感兴趣于猜猜他是谁，还学到了知识，寓教于乐，何乐而不为？疫情当下，可以对班上有从事一线职业（医生、护士、警察等等）的家长进行采访，新闻里的人物或许太遥远，身边的温暖更真实。同时也能让学生感到骄傲。班会表扬的时候，请校领导写一句寄语或者是录一段视频、音频，不仅会让学生们更有成就感，也是他们一段很棒的回忆。

班会的内容也可以多样化。思辨让人明智，组织一场小小辩论赛，针砭时弊；情景剧或是才艺展示，不仅能让学生们明白人生不只有读书这一个舞台，还可以很好地辅助教学；采取游戏的方式，模仿盲人摸象，让学生们在笑声中明白不可管中窥豹，要学会全面地看待问题；给未来的自己写一封信，让学生们明白未来可期，但更需要他们今日的汗水；让学生分享自己偶像的优秀和曾经的努力，让他们知道人生从来不是只有光鲜，还需要不断地坚持和努力。

班会教育中要善用天时地利人和，一场有效的班会主题教育离我们并不遥远。

后 记

如何成为一位智慧而暖心的班主任？

这是我和工作室成员们不断努力探究的问题。

在认真学习了《中小学德育工作指南》等相关内容后，我们工作室提出了"暖心德育、和乐赋能"的主张。本书则是为了能够践行对应理念而编写的。在编写过程中，得到了龙岗区南湾学校熊谨慎校长和王书斌校长的关心、指导，王书斌校长还亲自为本书作序。龙岗区基础教育科吴希凡主任为本书的整体框架提出了很好的建议，龙岗区名班主任工作室主持人郭蕾老师、吴环丽老师、隆春晖老师、曾亮老师和工作室成员就案例书写和班会设计进行了培训及指导。

徐峥娜名班主任工作室全员参与了本书的具体编写工作，在此感谢工作室成员陈雄、刘琴芳、赵恒贤、陈洁华、王丹、许正千、王晓琼七位资深班主任在本书编写过程中给学员们的建议和交流。感谢工作室学员谢青春、周兰美、吴燕芳、周楠、彭子彤、刘琤、许逸群、张瑞、敖峰、王旬钰、林卫雪、黄苏钰、肖娇、王琰、李西丹、傅明、何小慧、梁梦君、丁晓凤、向香花、何林丽、王俊、杨姗、李娜、曾夏云在书籍编写中不断积极学习、优化自己的作品。感谢工作室助理吴燕芳和丁晓凤两位老师一直以来为本书出版的各类琐事操持，感谢黄苏钰老师参与本书内容的收集与整理工作。北京燕山出版社为本书的编辑工作付出了巨大努力，在此一并表示感谢。

本书中的绝大多数案例来源于各位班主任日常德育工作所思所得，少数由学校其他班主任提供，个别案例是在整合众人经验基础上改写而成。

由于时间仓促，书中尚有不妥之处，敬请读者批评指正。

徐峥娜

2022年3月